貧乏人のデイトレ
金持ちのインベストメント
ノーベル賞学者とスイス人富豪に学ぶ智恵

北村 慶 KEI KITAMURA

PHP

「お金」の持つ真の力を知れば、あなたの未来は変わる

著者

はじめに

今、私たちの社会や経済は大きな転換期を迎えています。

戦後60年、当たり前だったルールや社会の仕組みが、今、大きく変わろうとしています。

私たちは、戦後の経済の発展により世界に例を見ないほど経済格差の小さい、平等な社会を築き上げてきました。みんなが仲良く豊かになる――経済全体のパイが拡大する中で、社会も企業も、そして個人一人ひとりも豊かになれる、そんな良い時代が長く続いてきました。

ところが最近、「日本の社会は二極化しつつある」「上流社会と下流社会に分化してきた」などと言われています。本屋さんに行くと、「格差」や「下流」などというタイトルの本が並んでいます。

書店には、また、「株」の本や「投資」「資産運用」という表題の本や雑誌も、大量に陳列されています。

今まで、定期預金や定額貯金といった安全な商品しか売っていなかった銀行や郵便局で、投資信託が売られるなどの目に見える変化が起こっている中、「株」や「投資信託」に興味を持ち、自分自身で資産運用や投資をしようとする人々が確実に増えています。

テレビ番組やコマーシャルでも、「投資」や「運用」に関するものが増えてきており、一種のブームと呼べる状況になってきています。

この2つの動き――「経済格差の拡大」と「投資・運用ブーム」――には、実は、密接な関係があるのです。

人々は鋭い時代感覚を持っています。

世の中の「何かが変わった」とうすうす皆が感じ始めています。

「少子高齢化」「年金改革」「『官』から『民』へ」「大きな政府から小さな政府へ」「金融ビッグバン」……、こうした最近良く聞くキーワードの陰で、何か大きな変化が起こっている――、人々はそういうことに気が付き始めています。

人々は、「不平等な格差社会」が近づいてきていることを感じ、そしてそれに対応するためには「何かをしなくては」という焦燥感に駆られています。

「投資」や「運用」に興味を持つ人々の増加は、そうした焦燥感が形になって現れてきたものと考えることができます。

ところが、巷に溢れる投資の本は、「短期間で○億円儲かる驚異の投資法」「あなたもこうすれば○○で大儲け！」「△年で□倍になるヒミツの投資法」といった類のものが多いのです。

実は、普通の生活をされている方には、これらの本は役に立たないか、あるいは言葉を選ばずに言えば、〝有害〟とも言える運用方法の紹介なのです。

なぜ、これらの本が〝有害〟なのでしょうか?

それは、そのほとんどが、「デイトレ」などの短期的に勝つための「トレーディング型」運用についての解説だからです。

こうした運用方法で利益を上げていらっしゃる方が存在することは事実ですが、こうした「トレーディング型」運用で市場に勝ち続けることは容易なことではありません。

一部で報道される「デイトレで1日に○億円儲けたAさん」といった話は、それ自体が真実であったとしても、再現性のある手法ではありませんし、そのAさんの陰には、損をした数多くの個人がいることを忘れてはなりません。

なぜなら、短期的に勝つための「トレーディング型」運用は、その瞬間においては、「誰かが得をすれば、誰かが損をするゲーム」、すなわち、ゼロサム・ゲームだからです。

考えてみてください。「短期間で○億円儲かる驚異の投資法」が、本当に誰にでも再現できる〝常勝の運用法〟なら、どうしてその著者はその手法を他人に教えたりするのでしょうか?

慈善事業でないとすれば、本の印税収入のためでしょうか?

ここで簡単に検証してみましょう。

本の代金が１５００円として、印税は通常10％程度ですから、１冊売れると著者にはおよそ１５０円が入ります。投資や運用に関する本では、２万部売れればベストセラーと言われていますが、仮に10万部売れたとしても著者に入る印税は税引き前でも１５００万円に過ぎません。ワープロに向かい原稿を書き、校正をして、本にするには、かなりの労力が必要です。

そんなことをするよりも、「短期間で○億円」を儲けた方が楽で良いに決まっています。

私たち普通の市民は、こうした「トレーディング型」運用で常に市場に勝つことができる〝常勝の運用法〟などは存在しない、ということをまず知る必要があるのです。

また、株式投資の本や雑誌で、個別銘柄を推奨しているものも疑ってかかる必要があります。著者が本当にその銘柄が上がると思っているなら、先回りして安値で買っておき、それを推奨することで多くの買い手を集め、値上がり益を確実に手にすることができます。

逆に、本当は先行き下がると思っていれば、空売りなど、推奨とは逆の行動を取ることによって、利益を得ることができるのです。

このように、個別銘柄に言及した本や雑誌のコメントや推奨は、自己の利益を図るための「ポジション・トーク」である可能性があります。

さらに、私たち普通の市民にとって、短期的に勝つための「トレーディング型」運用が〝有害〟である決定的な理由があります。

それは、そうした運用方法が、「クオリティ・オブ・ライフ（生活の質）」を悪化させる、という致命的欠陥を抱えていることです。

最近、ホリエモンの逮捕によりライブドア関連の株式が暴落し、多くの普通の市民が大切なお金を失うという事態が起きました。そうした中、損失を最小限に食い止めようと、職場から携帯電話で必死になって「売り」の注文を行うサラリーマンの姿がマスコミで報道されていました。

このように、「トレーディング型」の運用を行うためには、常にマーケットをウォッチ（監視）し、その変化に合わせて瞬時に判断を下す必要があります。

ハラハラ、ドキドキ、常に市場の動向や株価が気になって、心が休まる暇もありません。

普通のサラリーマンや主婦にとってこれを行うことは、精神衛生上好ましくないだけでなく、大切な本業にも影響が出てしまいます。

後ほどご説明するように、「短期的に勝ち、それを続けること」は理論的にはほぼ不可能です。その魔力にとりつかれて実現不可能なことを追い求めれば、「クオリティ・オブ・ライフ（生活の質）」の低下に繋がります。

一方、この本でお話しする「インベストメント型」運用は、短期に勝つことを目指すのではなく、長期に負けないことを目指す資産運用法です。

それは、とても自然で、誰にでもできて、市場の動きに一喜一憂しないですむ資産運用法です。投資の研究などに割く時間もほとんど必要ありません。

つまり、「クオリティ・オブ・ライフ（生活の質）」を維持し、一人ひとりの自己実現のため、将来の夢を実現するための「時間」を生み出すことのできる運用方法です。

それでいて、この方法は、ノーベル賞を受賞した経済学者による理論的裏付けがあり、また、スイスの富裕層が長年にわたって資産を増やしてきたという実践面での裏付けもあるのです。

そして、この方法こそが、私たち普通の市民が、「個人」であることのメリットを最大限に活かして、マーケットにひしめくプロに勝つことのできる唯一の運用手法なのです。

――負けないことを第一義に投資をしていけば、結果としてプロにも勝てる――

なんだか、禅問答のようですが、これは、個人が自己責任で資産運用を行うようになって久しい欧米では、常識とも言える考え方です。

本書では、日本では紹介されることの少なかった、この「普通の市民にとっての正しい運用の方法」を紹介していきます。

第1章では、私たちがなぜ今、「運用」や「投資」に真剣に向き合わなければならないかを、社会の変化――「格差の拡大」――から説き起こします。
「私たちの社会には、どのような変化が起きようとしているのか」
「その結果、どの程度、不公平な社会になってきているのか」
について、お話しします。

第2章では、「格差」の中でも、「金融資産格差」や「年金に関する世代間格差」について、取り上げます。「それぞれの世代ごとに、貰える年金と必要な資金とのギャップ(差)はどの程度か」について、分析します。

そして、特に40代以下の「年金不足世代」にとって「資産運用」はどうあるべきかについて、考えます。

第3章では、私たちの大切な年金積立金を運用している、〝国営・投資ファンド〟とでも言うべき「年金資金運用基金(現・年金積立金管理運用独立行政法人)」の運用手法を解説します。

この2年半の間に11兆円を稼ぎ出した「年金資金運用基金」の投資戦略を学ぶことで、私たち普通の市民がどのような運用戦略を採るべきかのヒントが得られると考えています。

第4章では、私たちが、知っておくべき〝負けない運用〟のための7つの智恵について、具体的に説明します。

投資理論の先進国であるアメリカや、富豪が集うスイスのプライベート・バンクでは当たり前になっている、資産運用に関する基本的コンセプト——「ポートフォリオ理論」や「ベータ（β）戦略」など——について、私たち普通の市民がどう活かしていけば良いかを、難解な数式などを極力用いることなく、お話ししていきます。

そして、最終章である第5章では、運用と日本の社会との関係や、それを踏まえて私たちの一人ひとりはどう行動すべきか、日本の金融界はどう変わるべきかについて考えます。

私たち普通の市民にとって何よりも大切なことは、1日も早く、正しい運用の方法——「〝負けない〟運用」——に気づくことです。

ちょっとした智恵（リテラシー）を知ることで、あなたの未来は変わるのです。

貧乏人のデイトレ　金持ちのインベストメント（目次）

第4章 〝負けない〟資産運用――あなたを豊かにする7つの智恵（リテラシー） 111

第5章　「負けない社会」を目指して

装丁　金澤浩二
装画　サイトウユウスケ

第1章　リバタリアンが進める「格差」社会

確実に拡大しつつある「格差」

この章では、「投資」や「資産運用」の話を始める前に、その前提となる日本の社会全体について、見ていきたいと思います。

＊

〝ジニ係数〟という指標があります。

イタリアの統計学者、コッラド・ジニが考案したもので、所得の格差を表す代表的な指標です。ジニ係数は格差が小さいほど0に近い値になり、格差が大きいほど1に近い値になります。

わが国のジニ係数は、戦後から1980年代初めまで一貫して下がり続けてきました。

例えば、1981年の再分配所得（税金や社会保険料等の負担および社会保障給付による所得再分配効果を考慮した後の所得）のジニ係数は0・33にまで下がっていました。

ところが、1984年の調査以降、ジニ係数は上昇に転じています。【図表1】

図表１　拡大する所得格差

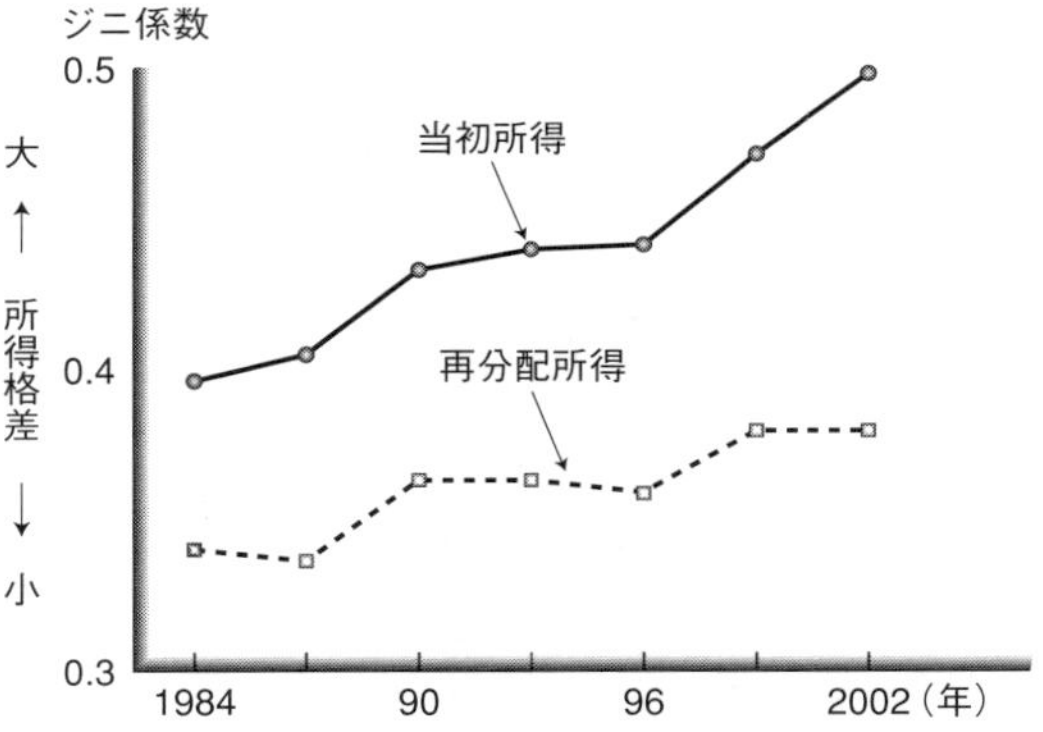

（出典）厚生労働省「所得再分配調査報告書」より

そして、厚生労働省が３年ごとに集計している「所得再分配調査」によれば、ジニ係数は近年上昇の一途を辿っています。

２００４年７月に公表された最新の「所得再分配調査報告書」を見てみましょう。

この調査は、２００２年に全国の世帯（１万１２５世帯）を対象に行われたものです（有効回収率７５・３％）。

これによれば、２００２年ベースのジニ係数は、再分配所得で０・３８１、当初所得（税金や社会保険料等の負担および社会保障給付による所得再分配効果を考慮する前の所得）では０・４９８と、共に過去最高となり、近年、所得格差が一層拡大していることが裏づけられています。

税金や社会保障等の所得再分配政策によって、自然体の所得格差が、再分配によって縮まっている（０・４９８↓０・３８１）ことは明白ですが、それでも再分配後の所得格差も拡大してきているのです。

ところで、ジニ係数の０・３とか０・５という数字は、どんな意味を持つのでしょう？

ここで、横軸に人数、縦軸に所得を取り、所得の低い人から順に並べてみることにしましょう。

もし、私たちの社会が「完全な平等社会」だったらどうでしょう？

１００名の住民がいて、社会全体の富が１００だとすれば、「完全な平等社会」では、全員が１人当たり１の所得を持つことになります。

従って、１人で1、２人で2、３人で3、と所得の累積をグラフに書いていくと、99人目までの累積所得が99、そして１００人目で１００となるグラフ、すなわち、【図表２】のような斜めの直線——正方形の対角線——を描くことになります。

ところが、実際の社会では、所得の格差があるため、所得の低い方から順番に所得を足していくと、この対角線よりも下に線ができることになります。

そして、１００人目に近づくにつれて、１人でたくさん所得を持つ人が登場してきますので、急速に１００に近づき、最後の〝社会一の大金持ち〟の所得を足すと１００になる、という【図表３】のようなカーブを描くことになります。（数学的には、これを「ローレンツ曲線」と言います。）

さて、先ほどの「完全な平等社会」でできた対角線を斜辺とする三角形の面積をAとし、〝下に凸〟な形をしたカーブと対角線との間の面積をBとします。

〝ジニ係数〟は、「B÷A」で表されます。

つまり、「完全な平等社会」では、Bの部分がありませんから、〝ジニ係数〟は、「ゼロ÷A」でゼロとなります。

一方、「完全な不平等社会」では、どうなるでしょうか？

この社会では、１人の独裁者が全ての所得を押さえ、残りの99人は奴隷——という社会です。

この社会について、横軸に所得の低い人たちから順番に並べていくと、99人目まではゼロ、そして１００人目で突然１００になる、というグラフになります。

つまり、Bが極端に大きくAに一致してしまうわけですから、〝ジニ係数〟は、「B÷A＝A÷A」で１となります。

こうして、〝ジニ係数〟がゼロに近ければ近いほど「平等な社会」、１に近づけば近づくほど「不平等な社会」だということが分かるわけです。

ただし、ジニ係数は、ローレンツ曲線の形には関係なく、面積で決まります。このため、ジニ係数が同じ値の国があったとしても社会構造が全く異なる、ということもありえます。

例えば、7割の格差のない均質な市民層と3割の所得がゼロの貧困層からなるA国と、一人の王様が全体の3割の所得を保有し残り7割を国民が平等に保有するB国について、それぞれジニ係数を計算すると、いずれも0・3となるのです。

このように、ジニ係数だけから社会構造や所得格差をイメージすることは難しいのですが、一つの方法として、その社会の階層が2つに分かれていて、その階層内では全員の所得が均一である、と仮定する方法があります。

こうした仮定を置けば、ジニ係数0・5とは、「上位4分の1の所得者が、全ての所得の4分の3を得ている社会」を意味することになります。

地球上全体のジニ係数は0・707であり、この仮定の下では、「〝宇宙船地球号〟とは、人口の14・7％を占める集団がGNPの85・3％を保有しており、この集団と残りの集団の間には、34倍の所得格差がある社会である」と言えることになります。

現実社会においても、発展途上国であればあるほどこのジニ係数は高く、不平等な状態にあります。経済の不平等は、政治や社会を不安定なものにし、内戦やテロなどの要因にもなります。「世界平和への道は貧困の撲滅から」と言われるのは、この辺りに理由があるのです。

図表２ 「完全な平等社会」の所得累積線

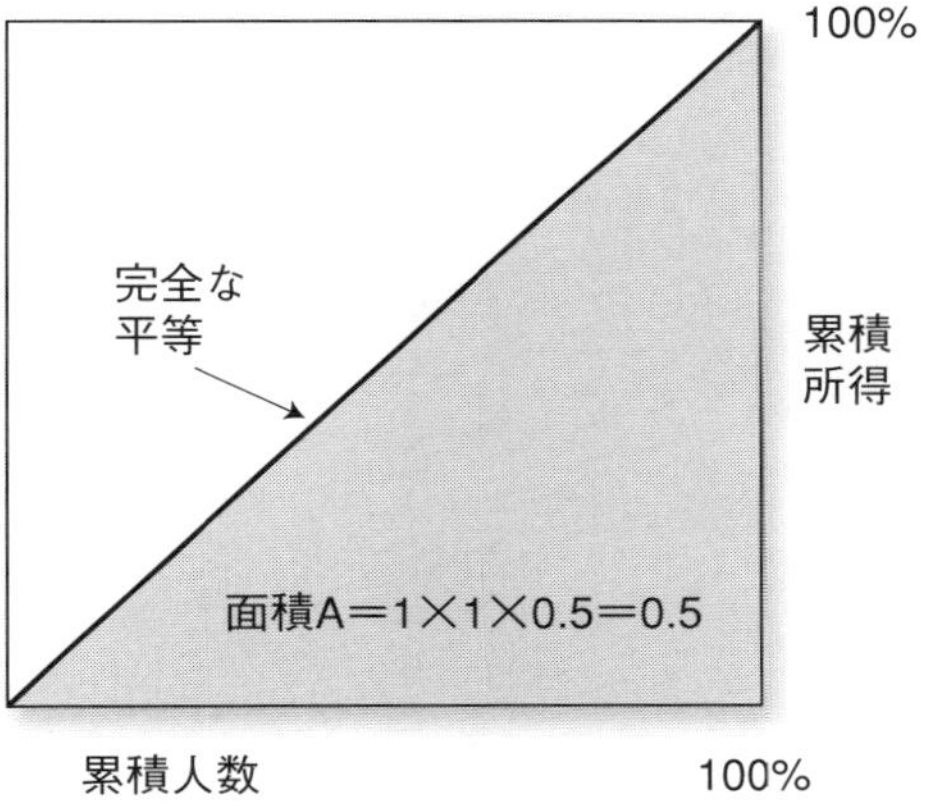

図表３ 「現実社会」の所得累積線

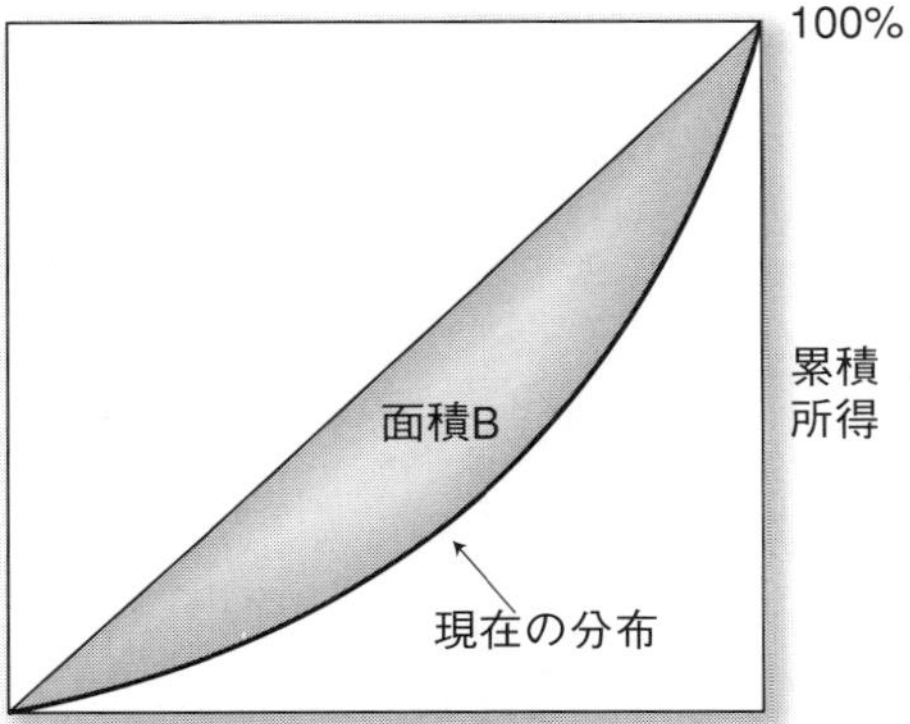

一方で、ジニ係数は低ければ低いほど良い、というものでもありません。所得の再分配などで完全に平等な社会にしてしまうと、誰も努力しなくなる、いわゆるフリー・ライダー（タダ乗り）が増えることになるからです。

これでは、社会に活力が失われ、経済発展も停滞することになります。

一般には、ジニ係数で０・３前後の社会が、「適度に競争があり、かつ、格差が過度に広がっていない」という意味で適度な格差水準の社会と言われています。【図表４】

こうした観点から、わが国のジニ係数をもう一度見てみましょう。

税金や社会保険料等の負担および社会保障給付による所得再分配効果を考慮する前の所得である「当初所得」のジニ係数で０・４９８というのは、格差がかなり厳しい社会ということになります。

これを、税金や社会保障などの所得の再分配で０・３８１までなんとか落としている――というのが、私たちの社会の実態なのです。

かつて、私たちの社会は、経済成長を実現しながら、〝一億総中流〟と言われる社会を築いてきました。しかし、そのような社会構造はもはや今の日本にはないことを認識する必要があるのです。

図表４　ジニ係数とその意味合い

ジニ係数	意味合い
～0.1	極めて平等な社会。 現実には存在しがたい。
0.1～0.2	ほとんど格差がない社会。 個々人の努力を阻害する懸念がある。
0.2～0.3	格差が少なく安定した社会。
0.3～0.4	格差がある社会。 競争・活力という面からは好ましいこともある。
0.4～0.5	格差がきつく、社会を不安定にする要素がある。
0.5～	不平等な社会。 さまざまな問題が生じやすい。

日本は、有数の「不平等社会」？

それでは、私たちの社会の所得格差——すなわち、社会の平等・不平等さ——は、世界的に見てどのような位置にあるのでしょうか？

異なる税制や社会保障の仕組みを持つ諸外国の事情を相対比較するのは、なかなかに困難なのですが、最近、このことを明らかにしてくれるレポートが、ＯＥＣＤ（経済協力開発機構）から発表されました。

２００５年2月に公表された「90年代後半におけるＯＥＣＤ諸国における所得分配と貧困（OECD Social, Employment and Migration Working Papers 22)」と題するレポートがそれです。

具体的に見てみましょう。

【図表５】は、可処分所得によるジニ係数を国別に表したものです。

メキシコ（０・４７）とトルコ（０・４４）が飛びぬけて高く、次いで、アメリカ（０・３６）、イタリア（０・３５）、ニュージーランド（０・３４）などが高位グループを形成し、日本（０・３１）もこのグループに属していることが分かります。

わが国のジニ係数が、先ほどの厚生労働省による「所得再分配調査報告書」の数字と異なるの

図表５　日本は「不平等社会」グループ？

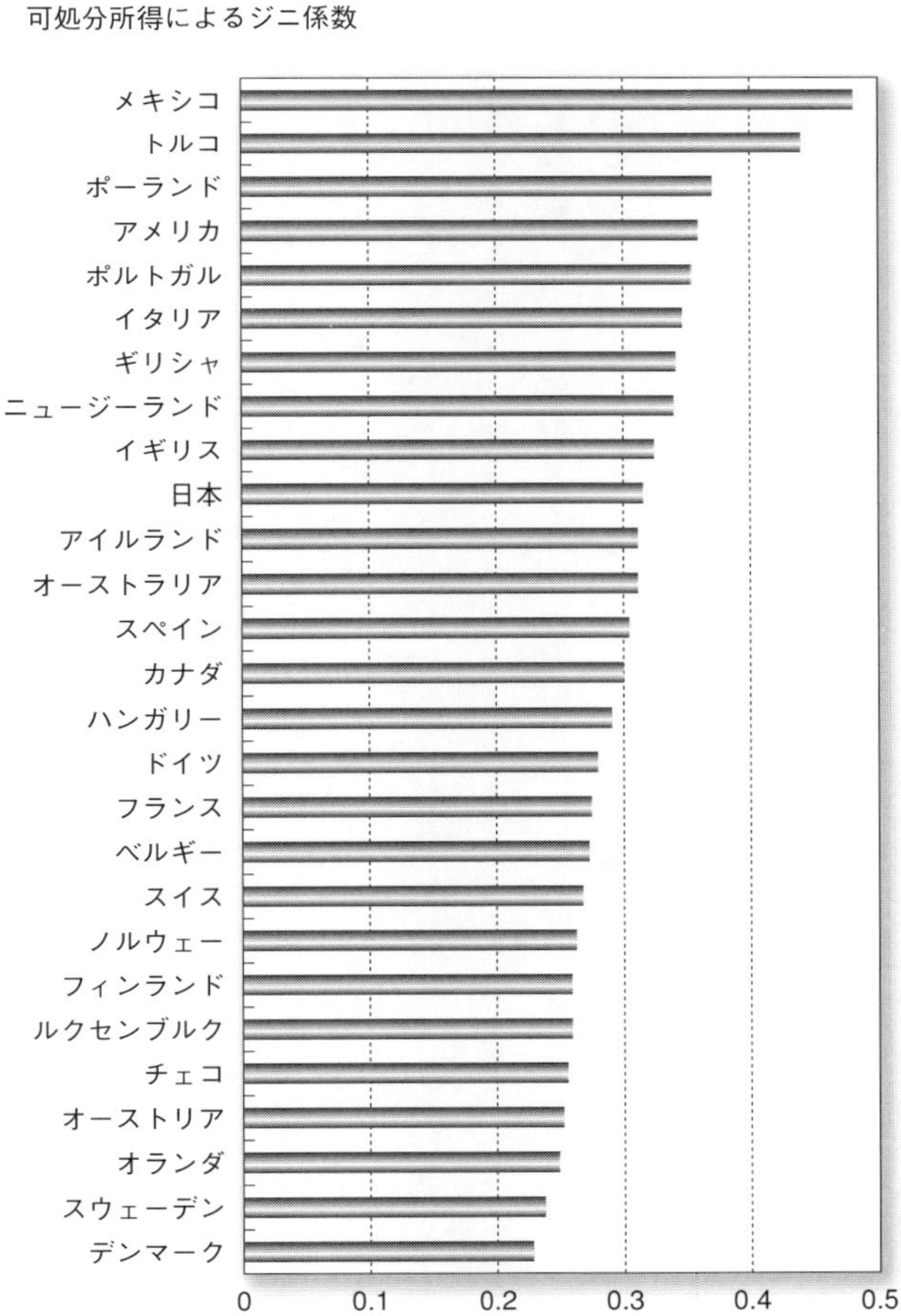

（出典）OECDレポート（2005年２月）より

は、ジニ係数を計算する「所得」の定義や前提がやや異なるからです。

一方で、デンマーク、スウェーデン、オランダなどはジニ係数が0・25を下回っており、より平等な社会であることが見て取れます。

また、OECDでは、「その国の所得の上位10％の人々が、所得の下位10％の人々の何倍の所得を得ているか？」についても試算しています。

これによれば、日本においては「社会の上位10％の富裕層」が「下位10％の層」の実に4・9倍の所得を得ていることになっています。

これは、「貧富の差が激しい社会」の代表例のように言われるアメリカの5・4倍とさほど差がない数字です。

また、この数字は、調査対象の主要27カ国中第5位に位置付けられています。

すなわち、私たちの暮らしている社会は、すでに、世界の主要国の中でも所得格差の大きい社会になっているのです。


OECDのレポートには、さらにショッキングな分析があります。

日本の「貧困率」の高さが、なんと第5位にランクされているのです。

〝日本社会にそんな貧困者がいるなんて変だ〟とお思いの方も多いでしょう。

図表6　日本は「相対的“貧困者”」が多い社会？

「社会の真ん中に位置する人の可処分所得の50%以下
しか可処分所得がない人」の人口全体に占める割合

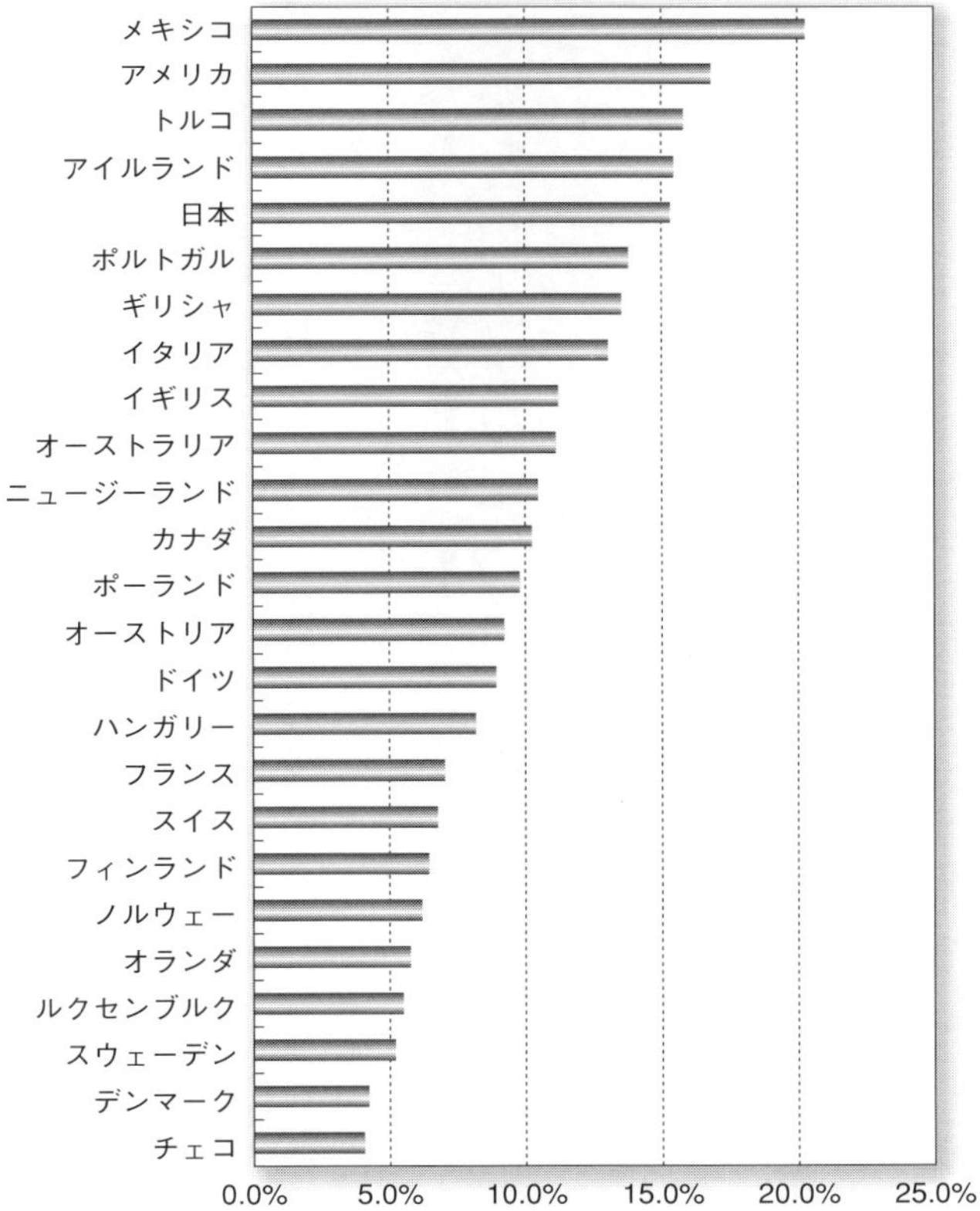

（出典）OECDレポート（2005年2月）より

少し説明します。

ＯＥＣＤでは、絶対所得水準が低い「絶対的貧困」と、社会の中での「相対的貧困」という異なる2つの概念を分析に用いています。

このうち、後者の「相対的貧困者」について、ＯＥＣＤでは、「社会の真ん中に位置する人が得ている可処分所得の50％以下しか可処分所得がない人」と定義しています。

そして、各国ごとに、この「相対的貧困者」層が人口全体に占める割合を計算・分析しています。【図表6】

すなわち、この分析では、「絶対的所得水準として貧しい人々がどれだけいるか」ではなく、「その社会の平均の半分しか所得のない〝相対的に〟貧しい人々がどれだけいるか」について調査しているわけです。

これによれば、日本の「相対的貧困率」は15・3％となっています。

この数字は、メキシコ、アメリカ、トルコ、アイルランドに次ぐ高さです。

調査対象国の平均が10・4％ですから、日本は世界の主要国平均よりも5％も「相対的貧困者」の割合が高い社会、すなわち、「格差社会」であるということになります。

さらに、このＯＥＣＤのレポートでは、所得格差の拡大・縮小の傾向を、国別に分析しています。

　それによれば、ＯＥＣＤ加盟諸国のジニ係数は、１９８０年代半ばから１９９０年代半ばにかけては25カ国中17カ国で拡大傾向にありましたが、１９９０年代後半に入ると所得格差が安定してきていると報告されています。

　こうした中で、日本社会は、先ほどの厚生労働省による「所得再分配調査報告書」でも分かるように、一貫して所得格差が拡大し続けており、ＯＥＣＤはレポートの中でこの点についても併せて指摘しています。

〝金持ち爺さん、貧乏爺さん〟――高齢者層で広がる所得格差

〝一億総中流〟とも言われ世界に例を見ない平等社会だったはずの私たちの社会は、なぜこんなに所得格差がある社会になったのでしょうか?

これについては、さまざまな分析が試みられています。

まず、若年層においては、フリーターの増大が指摘されています。さらに、最近では、バブル崩壊後の企業による新卒採用数の抑制もあり、「ニート」と呼ばれる無業者が増えています。

2005年度の労働経済白書によれば、2004年度のフリーターは213万人と推計されています。また、「ニート」に近い概念として、15歳~34歳で家事も通学も就労もしていない人口は64万人に上っています。

また、「デフレと生活――若年フリーターの現在」という表題が付けられた2003年版の国民生活白書によれば、無業者と派遣やフリーターなど正規雇用ではない労働形態で働く若年層は417万人と推計されているのです。

新卒時に正社員になれるかどうかで生涯所得が大きく違うことは良く知られており、こうしたニートやフリーターの増加が社会全体の所得格差拡大の要因の1つと考えられています。

次に、女性の間での所得格差という論点が上げられます。

わが国では、１９８０年代までは、高所得の夫の家庭の妻は専業主婦が多く、逆に低所得の家庭では共働きが多いことから、世帯単位の所得格差は小さかったと言われています。

ところが、１９９０年代に入ってからは夫の年収額と妻の有業率の相関関係は低くなり、夫婦とも高所得という家庭が増えているのです。

一方で、専業主婦によるいわゆるパート労働者の給与は低く抑えられており、キャリア女性との年収差は拡大してきています。

このように、私たちの社会の所得格差拡大の背景を探っていくと、ニートやフリーターと呼ばれる若年層や、パート労働者として働く主婦層（壮年女性労働力）の問題に直面します。彼らは、概して低賃金労働に甘んじています。

私たちの社会では、彼らのことを、「フリーター」や「パート」などと呼んでいますが、こうした耳障りのしない日本語が、その本質を覆い隠しているのです。

しかし、わが国の社会における格差の問題で、若者や主婦層の問題以上に深刻なのは、「高齢者層における所得格差の拡大」です。

2004年7月に、厚生労働省から公表された最新の「所得再分配調査報告書」をもう一度見てみましょう。

ジニ係数を年齢階級別に見たのが【図表7】です。

上の折れ線は「当初所得」——すなわち、社会保障給付による所得再分配効果を考慮する前の所得——であり、下の線は「再分配所得」——社会保障給付後の所得——です。

ご覧の通り、いずれの線も右肩上がりになっており、年齢が高くなるほどジニ係数が高くなる、すなわち、所得格差が拡大していることが分かります。

厚生労働省は、「調査報告書」の中で、このグラフについて、「60歳以上では社会保障給付などにより所得格差が縮小していることが分かる」とコメントしています。つまり、「わが国では「年金」や「医療保険」などの社会保障制度がきちんと機能しており、それによって所得の格差を穏当なレベルに落ち着かせている」、という主張です。

【図表7】のグラフの解釈として、この政府のコメントは正しいのでしょうか?

確かに、「再分配後の所得」ではジニ係数は0・3台に止まっています。

しかし、問題は、現在のような高いレベルの社会保障がいつまで続けられるのか、続けられないとするとどのような事態が待っているのか、ということです。

図表７　年齢階級別のジニ係数

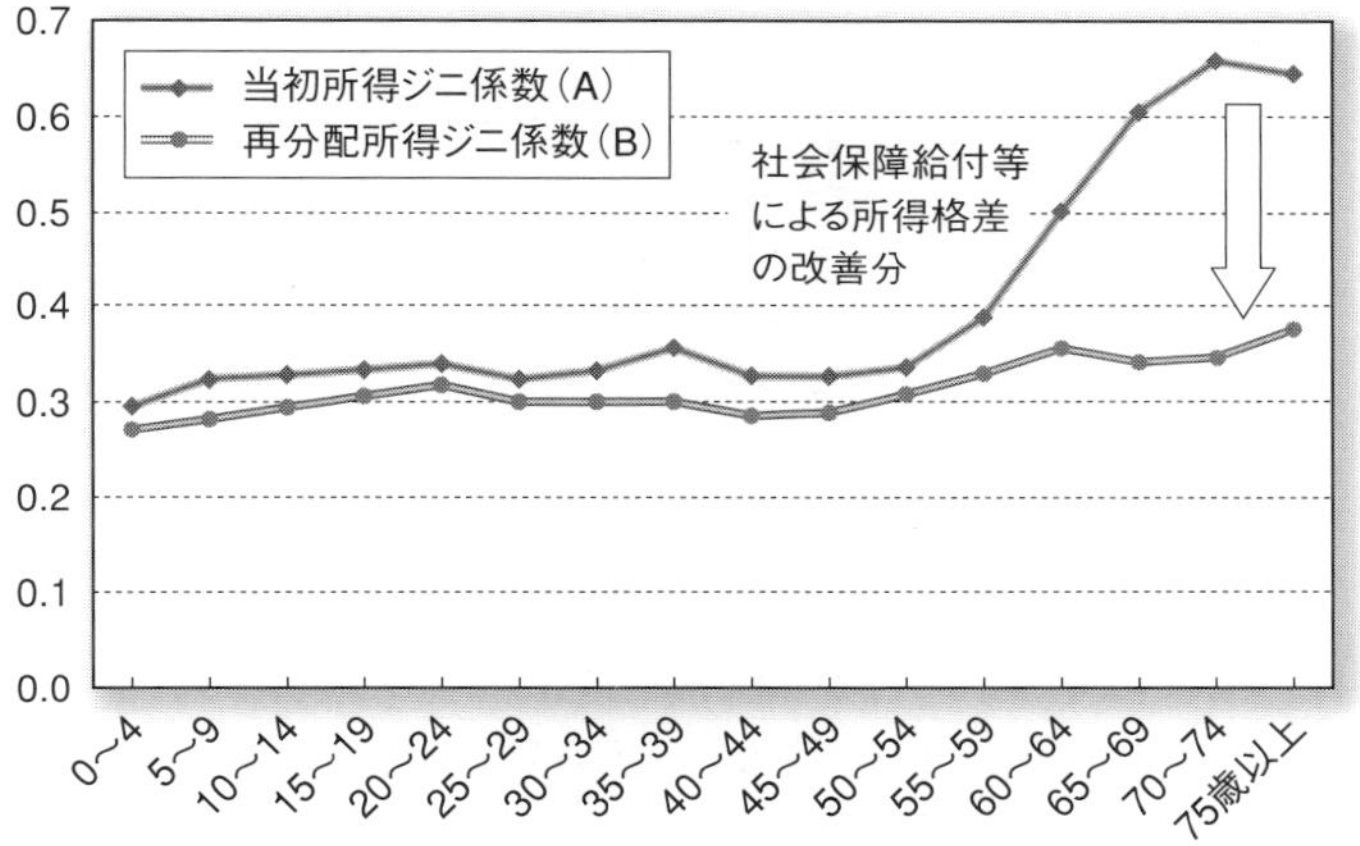

すでに老人医療費の自己負担の増加や年金制度の見直しなど、社会保障給付の切り下げが現実のものとなろうとしています。例えば、医療費については、２００８年度から70歳〜74歳の患者の窓口負担が現在の２倍となる予定です。

このようにして、社会保障による所得の再分配機能が弱まるということは、〝むき出し〟の所得、すなわち「当初所得」による格差が残ってしまうということを意味します。

グラフの上の折れ線——「当初所得」——を見ると、60歳〜64歳のジニ係数は０・５を超え、〝不平等社会〟とも言える水準に達しています。さらに、65歳以上では０・６〜０・７となっています。

このジニ係数は、発展途上国並みの数字であり、社会不安が生じかねない水準と言われているレベルです。

仮に、社会保障の力が極端に弱まり、〝むき出し〟の所得だけになると、高齢者の間に大きな所得格差が生じてしまうことになります。

わが国の財政事情を考えた場合、今後、徐々に社会保障の水準は切り下がっていくことが想定されます。

それでも、すでに年金を受け取っておられる60代以上の方々はさほど心配される必要はありません。後ほど第2章で詳しくお話ししますが、60歳以上の方々は、ご自分の支払った保険掛け金よりも貰える給付額の方が多いという意味で、「逃げ切り世代」とも言える恵まれた状況にあるのです。

むしろ、心配すべきは現役世代、30代、40代の方々です。これらの方々が高齢者になるころは、社会保障による再分配機能がかなり細ったものになっていることはほぼ確実です。

とすれば、将来、【図表7】のグラフの上の折れ線――「当初所得」――からさほど下がらない辺りに「再分配所得」の線がきてしまうような、〝老人不平等社会〟が出現する危険性を考えておかなければなりません。

『金持ち父さん貧乏父さん』（ロバート キヨサキ（著）、白根 美保子（翻訳）筑摩書房）という本があります。

一生のあいだ金銭問題に悩まされる「貧乏人のパパ」と、それとは全く対照的な人生を謳歌する「お金持ちのパパ」を対比させ、「変わりばえのしない仕事を極めることよりも、収入を元手に資産を賢く殖やすことの方が、最終的には必ず人生に富をもたらす」という主張を展開するこの本はベストセラーとなり、その後、続編も数多く出版されています。

誰でも人生の最後は、心豊かに過ごしたいものです。

そのためには、経済的な基盤が重要です。

しかし、残念ながら、わが国の社会における高齢者の多くは、現時点でも、国による所得の再分配機能によってかろうじてその経済的基盤が支えられている存在なのです。

そして、今後、私たちの社会は、所得の再分配機能が弱まるとともに、大量の〝貧乏な高齢者〟と少数の〝豊かなお金持ち老人〟が同居する社会に徐々に移行していく危険性を孕んでいることを認識する必要があります。

「小泉自民党大勝」でさらに進む〝格差社会〟

さて、このような「所得格差の拡大」は今後、どのようになっていくのでしょうか？この問いに対しては、わが国の政治・経済の状況を俯瞰して見ることで答えを考えてみたいと思います。

２００５年９月に行われた衆議院総選挙で小泉首相率いる自由民主党が大勝し、「官から民へ」「大きな政府から小さな政府へ」をキーワードとする政策が推し進められることが明確になりました。

「大きな政府」か「小さな政府か」という議論をする場合、経済的な意味なのか、思想的な意味なのかを区別して考えてみる必要があります。

まず、経済的な意味について考えてみましょう。

経済的な「大きな政府」を主張する人々は、経済的活動の自由を場合によっては制限してでも、富の再配分を重要視し、政府による経済活動への介入や規制をも認める立場を採ります。一方、経済的な「小さな政府」を主張する勢力は、自己所有権・自由市場・私的財産権を擁護し、各個人の自由を最大限尊重すべきで、国家の介入は最小限にすべきだという考え方に立ちます。そして、経済政策においては、民間による経済活動を重視し、規制緩和を推進する立場を採ります。

アメリカの政党で言えば、前者が民主党、後者が共和党に当たります。

もう一つの思想的な意味での「大きな政府」「小さな政府」の議論はどうでしょう。

この意味での「大きな政府」の信奉者は、宗教や信条に一定の規範を持っており、社会の構成員である市民にその共有を求めます。〝キリスト教原理主義〟とも言われ、異教徒との戦争や中絶反対などの宗教色の強い政策を進める現在のアメリカ共和党ブッシュ政権がこれに当たります。

一方、思想的な「小さな政府」の支持者は、精神的自由や政治的自由のような個人的自由を何よりも尊重し、これらへの政府のいかなる介入をも認めない立場を採ります。伝統的にアメリカ民主党がこの考え方を採っていると言われています。

この2つの軸、すなわち、経済的な意味と思想的な意味において、「大きな政府」と「小さな政府」の考え方をプロットすると4つの組み合わせができます。【図表8】

①経済的には「小さな政府」・思想的には「大きな政府」

「リベラル」と呼ばれる、社会民主主義あるいは福祉国家的な思想です。精神的自由や政治的自由のような個人的自由を何よりも尊重する一方で、政府による経済活動への介入や規制、財の再分配を擁護します。

アメリカの民主党はここに当てはまると考えることができます。

②経済的には「大きな政府」・思想的には「小さな政府」

「コンサーバティブ」と呼ばれる、保守派的な思想です。

個人的な自由（例えば中絶）に対し規範に基づいて政府の一定の介入を認める一方、経済的自由は尊重します。経済においては、政府による介入を嫌い、市場に委ねる立場を採ります。アメリカの共和党はこの組み合わせの政策を採っていると考えられます。

③経済的にも思想的にも「小さな政府」

諸個人の経済的自由や財産権、精神的・政治的自由など、個人の自由や選好を最大限尊重する個人主義的立場で、経済的には、自由市場中心主義、市場経済原理主義を採ります。

こうした考え方は、「リバタリアニズム」と呼ばれ、こうした考え方をする人を「リバタリアン」と呼びます。

図表8　経済的・思想的の2軸で見た「大きな政府」「小さな政府」

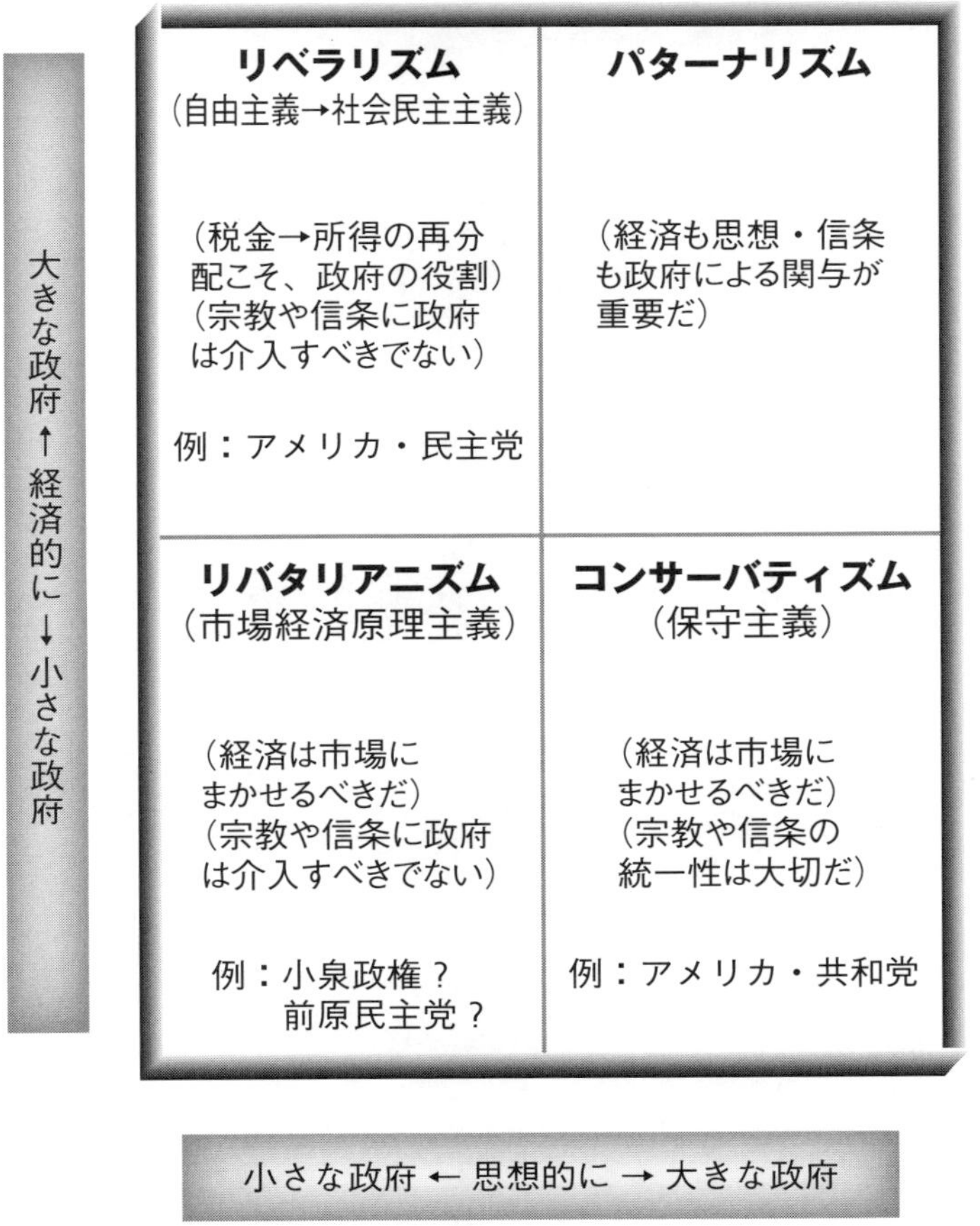

④経済的にも思想的にも「大きな政府」

個々人の経済的、思想・信条的自由よりも政府の決定を重視する考え方で、先進国においては少数派ですが、発展途上国や独裁国家では良くみられる思想です。

こうして考えてみると、小泉政権の考え方は、どの組み合わせに当たると考えるのが妥当でしょうか?

ブッシュ大統領との親密さや靖国問題に見られる対応から、「コンサーバティブ（保守主義）」という見方もあるようですが、個人的な思想の自由に対して介入しようとする政策は見られないことから、第3の類型である「リバタリアニズム（市場経済原理主義）」ではないかと考えられます。

それでは、民主党はどうでしょうか?

民主党の内部には、①のリベラルな考え方をする人々もいるのですが、前原代表は③のリバタリアンだと思われます。2005年9月の選挙結果を受けて、同氏を代表に選んだ民主党は、自民党と同じリバタリアン路線の上で、〝どちらが真のリバタリアン改革の旗手か〟を競争しようとしているように見受けられます。

確かに、わが国の社会構造の変化や、国と地方を合わせて１０８０兆円にも上る巨額の公的債務の存在を考えると、「政府による所得の再分配」を旗印にするリベラル的な主張が説得力を持たない側面があることは事実です。つまり、リベラル派は、「財源はどうするのか？」という問いに答えられないのです。

しかし、わが国の二大政党がいずれも「リバタリアン」に率いられ、選択の余地がない、という政治状況が本当にあるべき姿なのかは冷静に考えてみる必要がありそうです。

もう一度、整理してみましょう。

「リバタリアニズム」は、経済的にも思想的にも小さな政府を目指します。

そして、市場原理主義、個人主義を標榜します。

この思想における最も重要な行動規範は、「自己責任原則」です。

前回の衆議院選挙においては、日頃は政治に関心のない「ニート」や「フリーター」と呼ばれる若者が投票所に足を運び、その多くが小泉自民党に投票したと言われています。また、パートで働く主婦層の間では小泉人気は凄まじいものがあります。

これらの層は、先ほど見たＯＥＣＤレポートでは、「相対的貧困者」と定義された人たちであり、本来、「所得の再分配」や「格差是正」を求めるべきとも考えられる人々です。

つまり、①のリベラル主義を支持してしかるべき層であると考えられます。

ところが、これらの人々が、現実には、③市場経済原理主義のリバタリアンである小泉政権を支持したのです。

そして、その結果として、皮肉なことに、「２９６議席の自民党」とそれに同じ路線で対抗しようとする「前原民主党」による〝リバタリアン体制〟が誕生し、わが国は格差を容認する政治が続くことになりました。

このことは、国民が「格差社会」を承認した、とも言えます。

私たちはこうした状況をきちんと認識した上で、「格差社会」の中で生き残っていく覚悟を決め、一人ひとりが対応策を考えていくことが求められるのです。

第2章　「金融格差時代」の新・資産運用

金融「格差」の実態

第1章では、私たちの社会が格差社会になりつつあることを見てきました。この章では、「金融格差」、とりわけ、「年金格差」について、見ていきたいと思います。そして、こうした「金融格差社会」に生きる私たち普通の市民にとっての「資産運用」の意味について、考えてみることにしましょう。

*

わが国の世帯は金融資産をどの程度、持っているのでしょう?
他人の財布のことは、やはり気になるものです。

金融広報中央委員会(事務局・日本銀行情報サービス局)が、2005年6月から7月にかけて全国1万80世帯を調査対象として行った「家計の金融資産に関する世論調査」を見ていきましょう。

預金や株式など金融資産の平均保有額は、1085万円です。

「自分はそんなに多くの貯蓄を持っていない」とお思いになる方が多いと思います。

それは、「平均」というもののマジックがあるからです。つまり、平均値は、少数の高額資産保有世帯によって容易に大きく引き上げられてしまうのです。

例えば、10世帯のうち9世帯の貯蓄額が１００万円で、残りの１世帯が１億円を持っているとしましょう。この場合の、保有金融資産の平均値は、（9世帯×１００万円＋１世帯×１億円）÷10世帯＝１０９０万円になってしまいます。

このため、金融資産保有額の少ない順に世帯を並べ、真ん中に位置する世帯の金融資産保有額である「中央値」４００万円の方がイメージを掴みやすいと思います。

つまり、保有金融資産額が４００万円より多い世帯は、全世帯数の多い方半分に入っている、と言うことができます。


さて、今回の調査結果で注目すべき点は、「金融資産を保有していない」と回答した層が、２割強に上ったことです。また、単身世帯では約４割の人が「貯蓄ゼロ」と回答しています。

また、金融資産の残高が、「減った」と回答した世帯が全体の５割弱となる一方、「増えた」とする回答は約２割に止まるなど、全体として、貯蓄や資産形成の傾向が鈍化していることが見て取れます。

一方で、「お金持ち」は着実に増えています。金融資産を保有している世帯のみを見ると、平均値は1544万円、中央値でも830万円となっています。これを前年の調査と比べると、中央値が前年を下回る一方、平均保有額は前年を上回っています。

このことは、一部のお金持ちに金融資産が偏る傾向が進行していることを示しています。【図表9】

金融資産の保有状況を世代別に見ると、高齢者に資産が集中していることが分かります。例えば、第一生命経済研究所の試算によれば、1450兆円を超す個人金融資産のうち54%は60歳以上が保有していると言われています。

また、2005年の経済財政白書では、貯蓄の額から借金の額を引いた純金融資産額は、60代より70代の方が多いことが報告されています。つまり、本来資産を取り崩していく世代が漠然とした不安などから資産を溜め込んでいることになります。

このように、わが国の社会は、金融資産というストックの分布状況から見ても、「富裕層」と「貯蓄ゼロ層」に、そして、世代別でも「豊かな高齢者」と「資産に乏しい若年層」に分化しているのです。

図表9 日本人の金融資産保有額

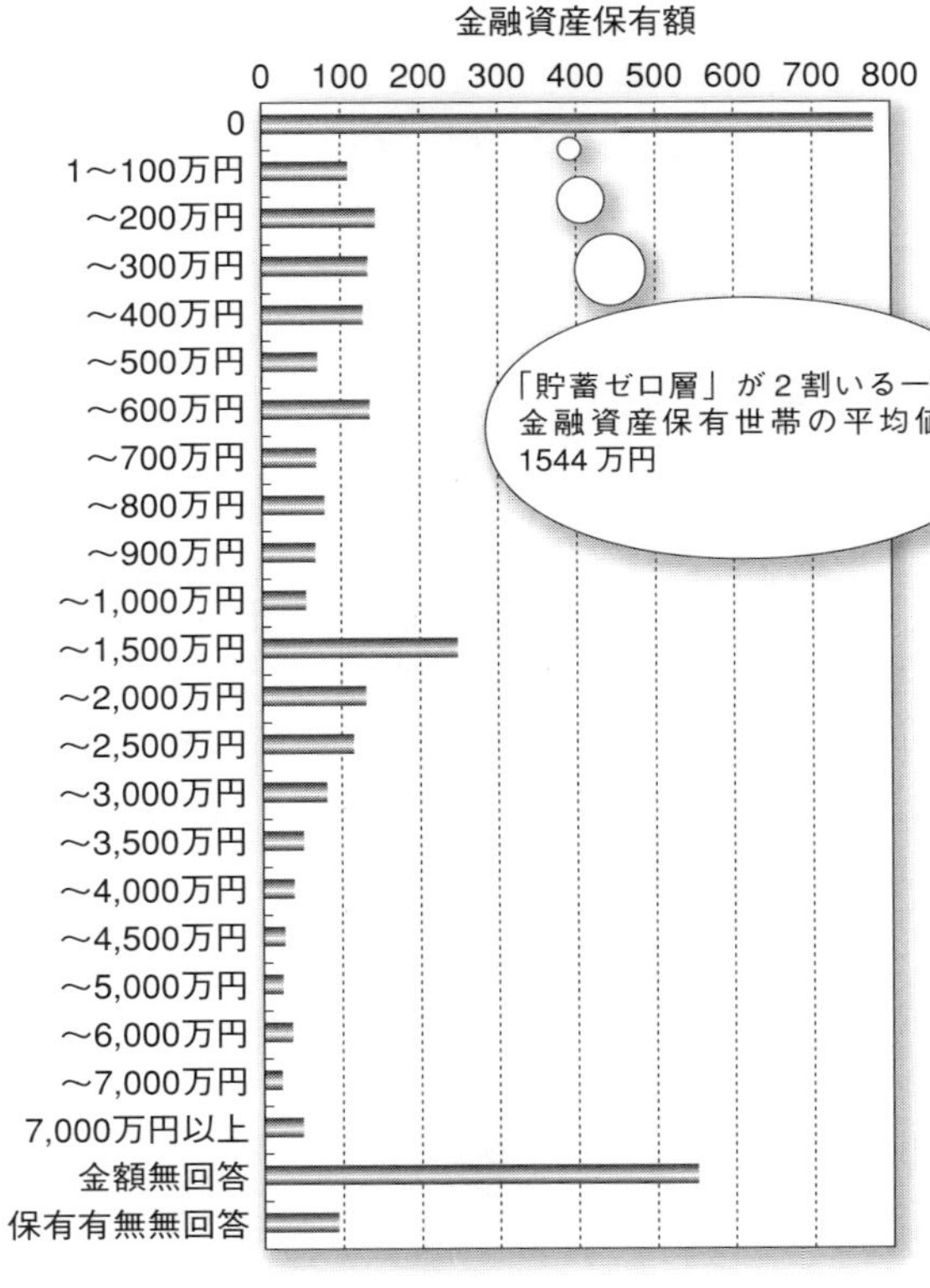

（出典）家計の金融資産に関する世論調査（金融広報中央委員会）より

セカンド・ライフの「理想」と「現実」

セカンド・ライフ、すなわち、老後は誰にでもやってきます。

誰もが、心豊かに人生の後半戦を送りたいと思っています。

しかし、その一方で、さまざまな不安もあります。

「その時元気でいられるだろうか」といった健康面での不安に加え、「金銭的に困窮していないだろうか」といった経済面での不安がその中心でしょう。

ここで、先ほども取り上げた金融広報中央委員会の「家計の金融資産に関する世論調査」の分析結果を見てみると、老後の生活について「心配である」(「多少心配である」と「非常に心配である」の合計)と答えた世帯は、全体の約8割と高率の回答となっています。

ところが、これを細かく見ると、60歳以上と60歳未満では、回答に大きな差があることが分かるのです。

すなわち、60歳以上の世代では、老後の生活について「非常に心配」と答えた割合は年々低下しており、前回調査では26%に止まっています。

また、年金と生活資金の関係についての質問に対し、60歳以上の世代では、「ゆとりはないが、日常生活費程度は賄える」とした世帯が52％、「年金でさほど不自由なく暮らせる」という回答が11％、合計で6割を上回る世帯が、「年金で生活が賄える」としています。【図表10－1】

こうした自己認識に加え、現時点では「医療保険」などの社会保障制度がきちんと機能していること、金融資産の大半を60歳以上が保有していることなどの客観的データを総合して考えると、60歳以上の高齢者層は、一般的に言えば、セカンド・ライフについて、さほど心配の要らない世代だと言うことができます。

ところが、60歳未満の層では様相が異なるのです。

まず、老後の生活について訊ねた設問に対しては、「心配である」と回答した世帯が9割近くに上っています。

この設問に「心配である」と回答した世帯に、その理由について訊ねた質問（複数回答可）に対しては、「十分な貯蓄がないから（7割強）」、「年金や保険が十分でないから（約7割）」という回答が、高い割合を占めています。

まさに、第1章で見た、将来における「政府による所得の再分配機能の弱体化」に関する不安・不信を多くの方が感じていることが分かります。

また、年金と生活資金の関係についての質問に対しては、「ゆとりはないが、日常生活費程度は賄える」「年金でさほど不自由なく暮らせる」のいずれかを回答した世帯は、4割程度に止まっています。

逆に言えば、6割程度の世帯は、「年金だけでは生活が賄えない」と考えていることになります。

さらに、こうした、〝年金不足世帯〟にどうしてそのように思うのかを訊ねた設問では、「支給される年金が切り下げられるとみているから」「年金支給年齢が引き上げられるとみているから」「高齢者医療に関する個人負担が増加するとみているから」などを理由とする回答の割合が高くなっています。【図10－2】

これらのことから、60歳未満のこれから老後を迎える「セカンド・ライフ予備群」では、老後に対する不安が高いこと、そして、その不安の根底には年金や貯蓄といった金融資産の問題があること、が読み取れるのです。

図表10 60歳以上と60歳未満で大きく異なる"年金不安"

〈図表10－1〉年金に対する考え方（年齢別）

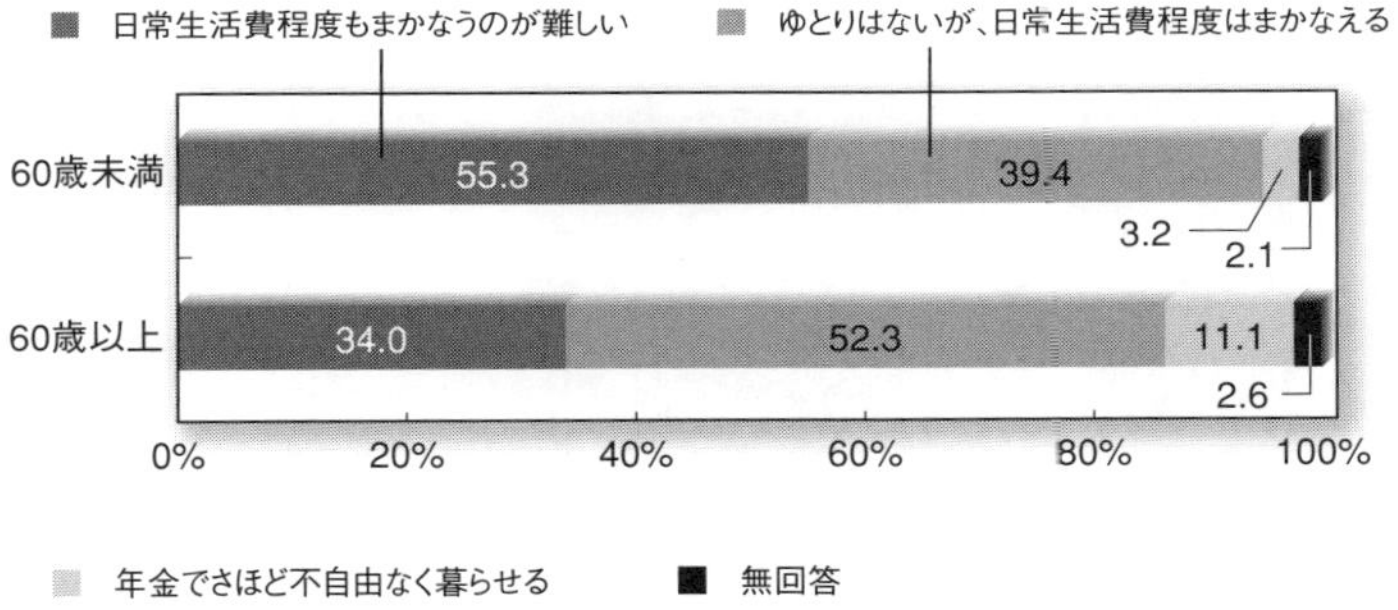

〈図表10－2〉年金だけでは日常生活費程度もまかなうのが難しいと考える理由（複数回答）

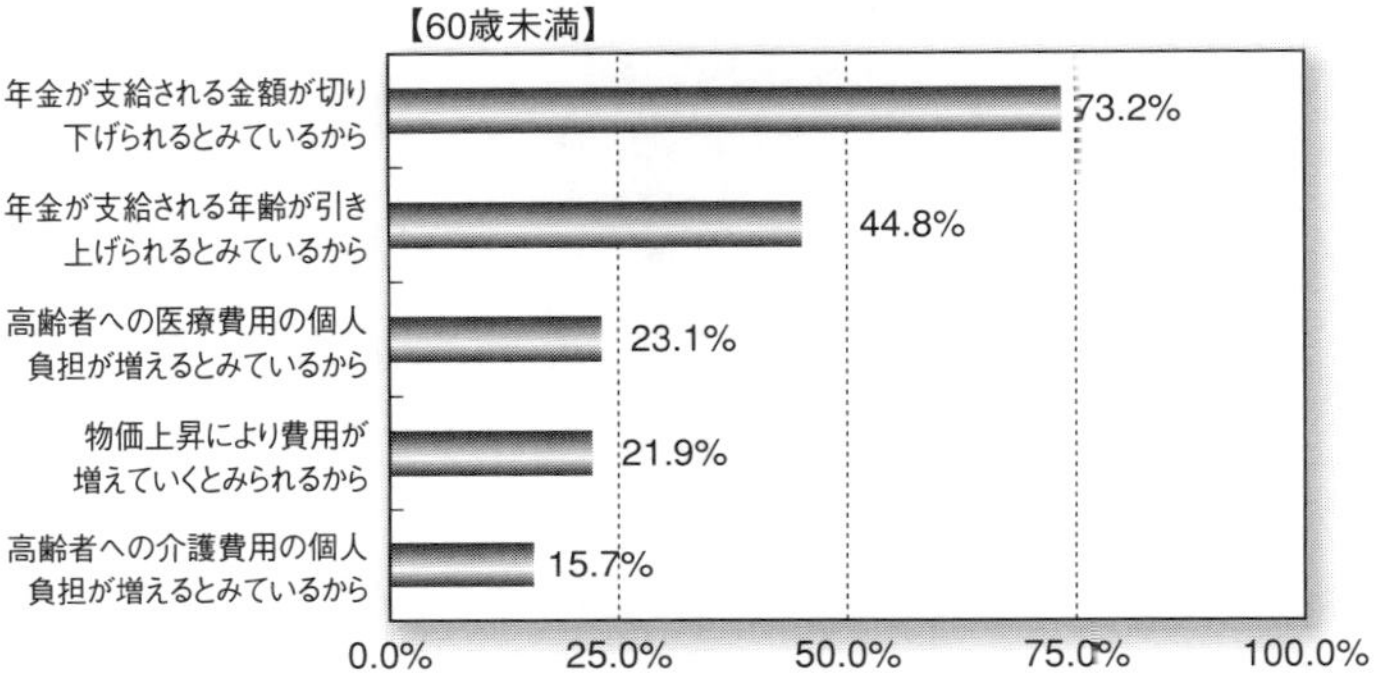

（出典）ともに「家計の金融資産に関する世論調査」（金融広報委員会）より

ところで、皆さんは、老夫婦2人の生活費がどのくらいかかるか、ご存知ですか？

結論から言えば、一般に、「セカンド・ライフのために必要な生活費は、約1億円程度」と言われています。

「そんなに大金が要るの？」と驚かれる方もいらっしゃると思いますので、具体的に計算過程を見てみましょう。

総務省の「家計調査（2003年度）」によると、65歳以上の夫婦1組の世帯（世帯主が無職）の生活費は1ヶ月当たり約23万円、生命保険文化センターの「生活保障に関する調査（2004年度）」では24万2000円です。

後者の調査では、「経済的にゆとりのある老後を送るためには、さらに14万円が必要」という結果になっています。つまり、〝理想のセカンド・ライフ〟のためには、月38万円の収入が望ましい」ということになります。

ここでは、実際の平均生活費である月24・2万円を用いて、セカンド・ライフのための必要資金を計算することにします。

試算の前提によって結果も大きく変わってくるのですが、ここでは、夫60歳（平均余命22年）、妻56歳（平均余命32年）の夫婦を例にとります。

さて、計算です。

夫が亡くなるまでの22年間の必要生活費は、

２４・２万円×12ヶ月×22年＝６３８９万円……①

妻１人の生活費を２人合計の７割とすると、残りの10年間の必要生活費は、

２４・２万円×７割×12ヶ月×10年＝２０３３万円……②　となります。

①＋②＝約８５００万円、これが普通の生活のために必要な資金です。

お分かりのように、お二人が健康で平均余命よりも長生きをされる場合には、これ以上の資金が必要となります。

また、夫婦２人でちょっと豊かな暮らしをしたい、とか、住宅の修繕・子供への援助等の予備費的なものを考えたい、という方もいらっしゃるでしょう。

仮に、〝理想のセカンド・ライフ〟のために必要とされる「月38万円」を用いて同じ計算をすると、①＋②＝１億００３２万＋３１９２万円＝約１億３２００万円となります。

これらのことから、ひとつの目安として、「老後資金は１億円」と言われているのです。

世代別に見る「年金格差（ギャップ）」

「1億円」というのは、普通の生活からは考えられない巨額な資金ですが、引退した時点でこの金額を手元に準備しておかなければならない、というわけではありません。

この点は、注意が必要です。

さまざまな金融機関やコンサルタント、あるいはファイナンシャル・プランナーと称する人たちが、「ほかの方の金融資産の平均保有額は1000万円以上ですよ」とか「老後に備えて、最低でも1億円は貯める必要がありますよ」などと言って皆さんを投資にけしかけます。

こうした〝煽り〟的なトークや営業には気をつける必要があります。

まず、事実を確認しましょう。

一般的に、民間企業のサラリーマンや公務員などには、賃金の後払いという意味合いを持つ退職金が支給されます。また、厚生年金や国民年金、共済年金などの公的年金に加入している人は、遅くとも65歳から原則として一生涯（死亡するまで）年金を受け取ることができます。

従って、私たち普通の市民が知っておくべきことは、「老後の必要生活資金」と「退職時の預貯金の額（退職金を含む）＋将来受給できる年金の総額」との比較です。

仮に、「老後の生活の必要金額」が「預貯金額＋年金受取額」を上回るとすれば、その「差額」——本書では、『年金ギャップ』と呼びます——をどうするか、という問題が生じます。

この計算を正確に行うためには、各個人の細かいデータ（勤務年数や年齢、住宅ローンの有無、退職金の多寡など）が必要です。

また、必要資金も、先ほど見たように、試算の前提や個々人の職業やライフ・スタイルによりさまざまですが、ここでは企業に勤める普通の会社員世帯を前提に、セカンド・ライフの必要資金を８５００万円と仮定して行った推計結果のみをお示しします。【図表11】

この推計によれば、サラリーマン世帯において、

①　現在55歳より上の世代は、年金プラス定年時の預貯金（退職金を含む）等の資産が、老後の必要資金を上回る

②　現在45歳の世代では２０００万円前後、35歳の世代では２５００万円程度が不足する

という試算結果となりました。

繰り返しますが、この計算は、一定の前提のもとに行ったものであり、個別性を捨象していますので、以下の説明は、全ての方に当てはまるわけではありません。

この試算によれば、60歳以上の方々は、『年金ギャップ』問題は深刻ではない、と言えます。

最近、高齢者の方々の預貯金を狙って、さまざまな金融機関がアプローチをかけています。特に、将来への不安心理を煽って、株式や投信などのリスク商品を販売する金融機関が増えていますが、実は、高齢者には運用商品はあまり必要ありません。

高齢者の方々に必要なのは、不意の出費に備えて流動性の高い――すなわち、いつでも下ろせる――銀行預金などの金融資産を持っておくことなのです。

また、50代の平均的サラリーマン世帯の場合、『年金ギャップ』はゼロか、あったとしても数百万円程度に止まるものと思われ、あまり運用を心配する必要はありません。

一方、40代以下の皆さんにとっては、状況は全く異なります。『年金ギャップ』は深刻な問題です。この2000万円~3000万円にも上る不足部分を、政府に頼らず「自助努力」でどうにかする必要が出てくるのです。

セカンド・ライフ（第二の人生）のスタート時点までに、どれだけの資産を積み上げておくことができるか――ビジネスマンとして成功したか否かよりも、資産運用の出来不出来の方が、その後の人生の〝経済的な質〟を決めることにもなりかねません。

思い通りの後半生を過ごせるかどうかは、ご自身次第、すなわち「自己責任」なのです。

図表11　40代以下に生じる『年金ギャップ』
——会社員世帯における試算
（仮定：夫は、大学卒業後37年6ヶ月勤務。平均月収は30万円。妻は専業主婦）

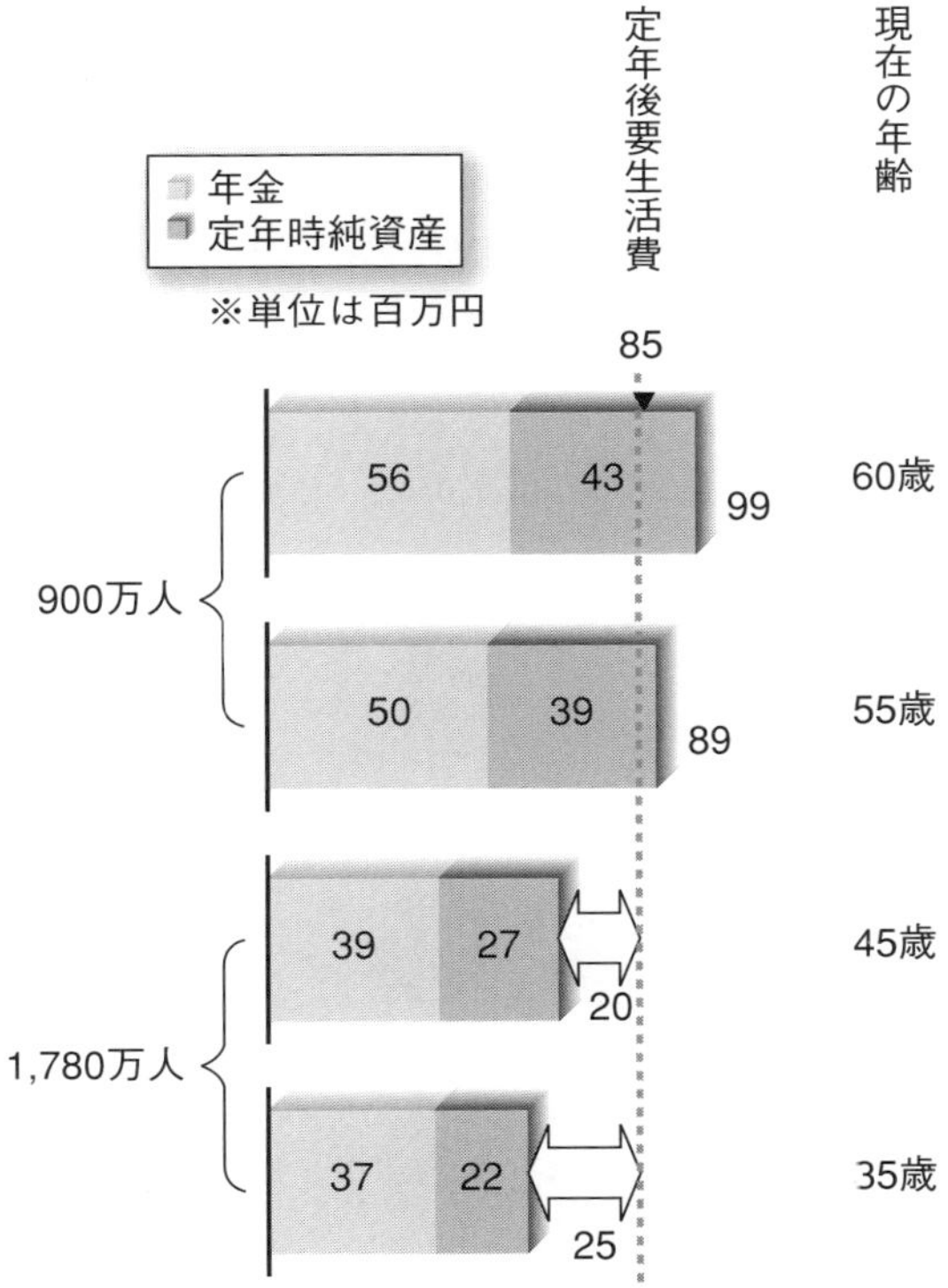

（注）将来において年金給付水準の引き下げがあると、状況は悪化する

着実に進行している「預金から投資へ」

今まで見てきたように、国の財政事情から見て社会保障の水準を維持していくことは、かなり厳しい状況です。また、格差を容認するリバタリアン政権の下、所得の再分配機能は低下していくことが想定されます。

また、一方で、一昔前までは完全に守られていた銀行預金が、一行当たり一人1000万円までしか保護されなくなったり、絶対安全な定額貯金を扱っていた郵便局で元本保証のない投資信託を販売するようになったりと、私たち普通の市民を取り巻く「投資」や「運用」に関する環境も変わってきています。

このように、小さな政府・リバタリアン的考え方をする政府の下、「自己責任原則」を社会のルールの根本に据えることで、世の中のいろいろなことが変わりつつあります。

私たち普通の市民の「家計」もこうした事態に少しずつですが、対応しつつあります。

2005年の12月に日銀が公表した同年9月末の「資金循環統計（速報）」によれば、家計の金融資産1450兆円のうち、「国内株式」や「投資信託」といったリスク資産の比率は10・5％となり、初めて二桁台となりました。【図表12】

図表12　加速する「預金から投資へ」
——家計の金融資産残高とリスク資産の割合

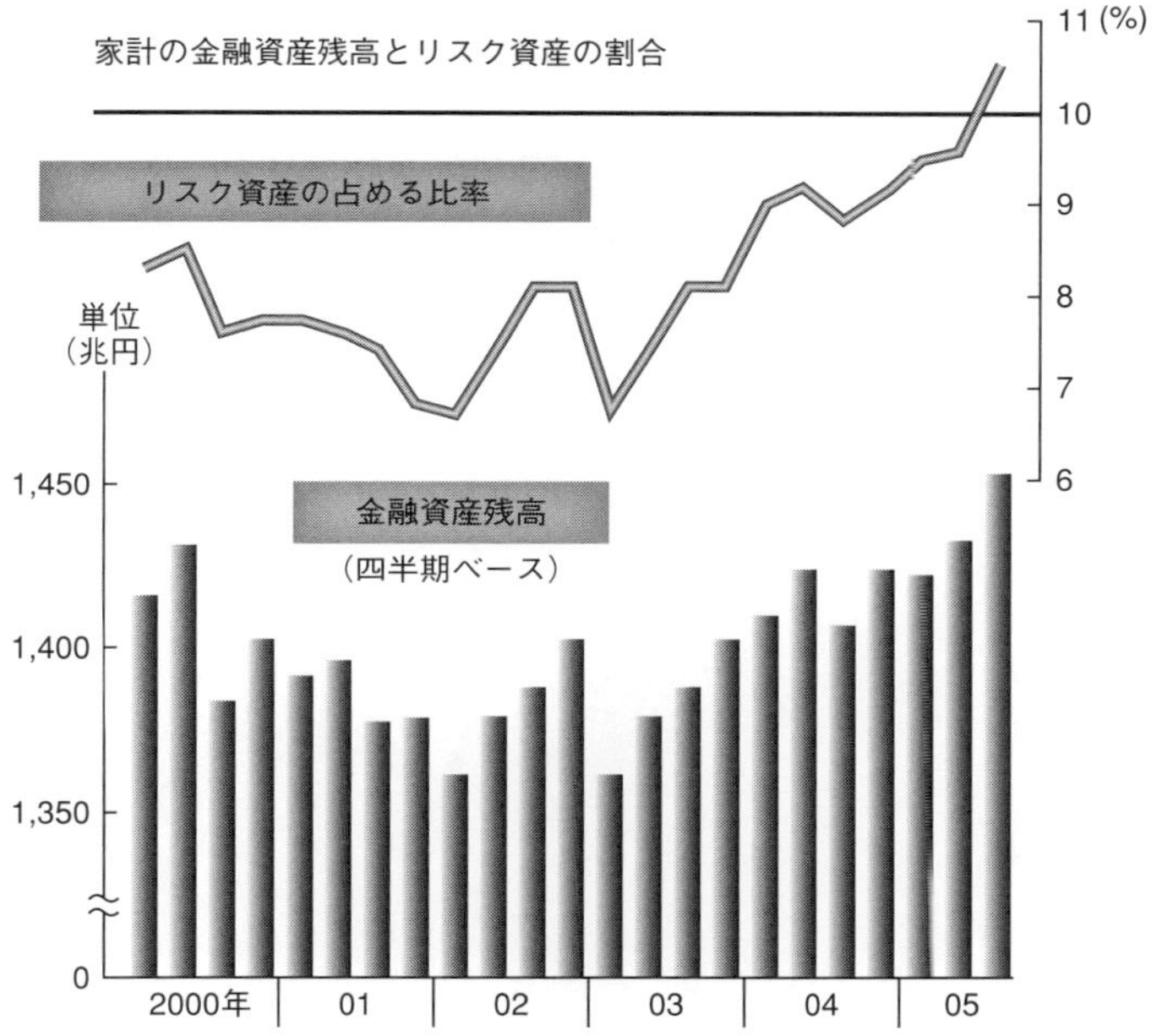

（注）リスク資産は株式、投資信託、外貨預金、対外証券投資の合計

（出典）日本経済新聞（2005年12月15日付）より

このうち、「国内株式」は前年同期比25％増の96兆円となり、また、「投資信託」も28％の大幅増で45兆円と過去最高を記録しました。

さらに、「外国株式」「外国債券」も合計で６％伸び、７兆円となり、これらを合わせたリスク資産残高は前年同期比23％増の１５３兆円となりました。

このように、わが国の個人は、「預金」から「投資性商品」へ徐々に資金を移しつつあるのです。

こうした傾向は、どこまで進むのでしょうか?

それを探るために、諸外国の個人資産の運用対象を調べてみると、先進国の中で、金融資産の5割超が現金や預貯金に回っている国はわが国だけであることが分かります。【図表13】

一方、アメリカを筆頭とする先進諸国では、直接金融市場の発達もあり、家計の資金の20%以上が株式や投資信託などのリスク資産で運用されています。

わが国の経済構造が、「銀行預金や郵便貯金で家計から資金を吸収し、これを企業へ、あるいはインフラ整備のために公共事業(財政投融資)へ回す」という「発展途上国型」から転換していくとすれば、リスク資産が10%を超えた現在は通過点に過ぎず、今後とも「預金」から「投資」へという流れが継続していくものと思われます。

ところで、こうしたリスク資産の運用は、高利回りが期待できる一方で、元本割れのリスクも伴います。まさに、「自己責任原則」が、〝ゲームのルール〟なのです。

このような流れに対し、私たちは十分に対応できているでしょうか?

先ほど見た、金融広報中央委員会の「家計の金融資産に関する世論調査」のレポートにこんな分析結果があります。

金融商品の選択に関する自己責任についての受け止め方を訊ねた質問に対し、「株式」や「外

図表13　特異な構成の日本の個人金融資産

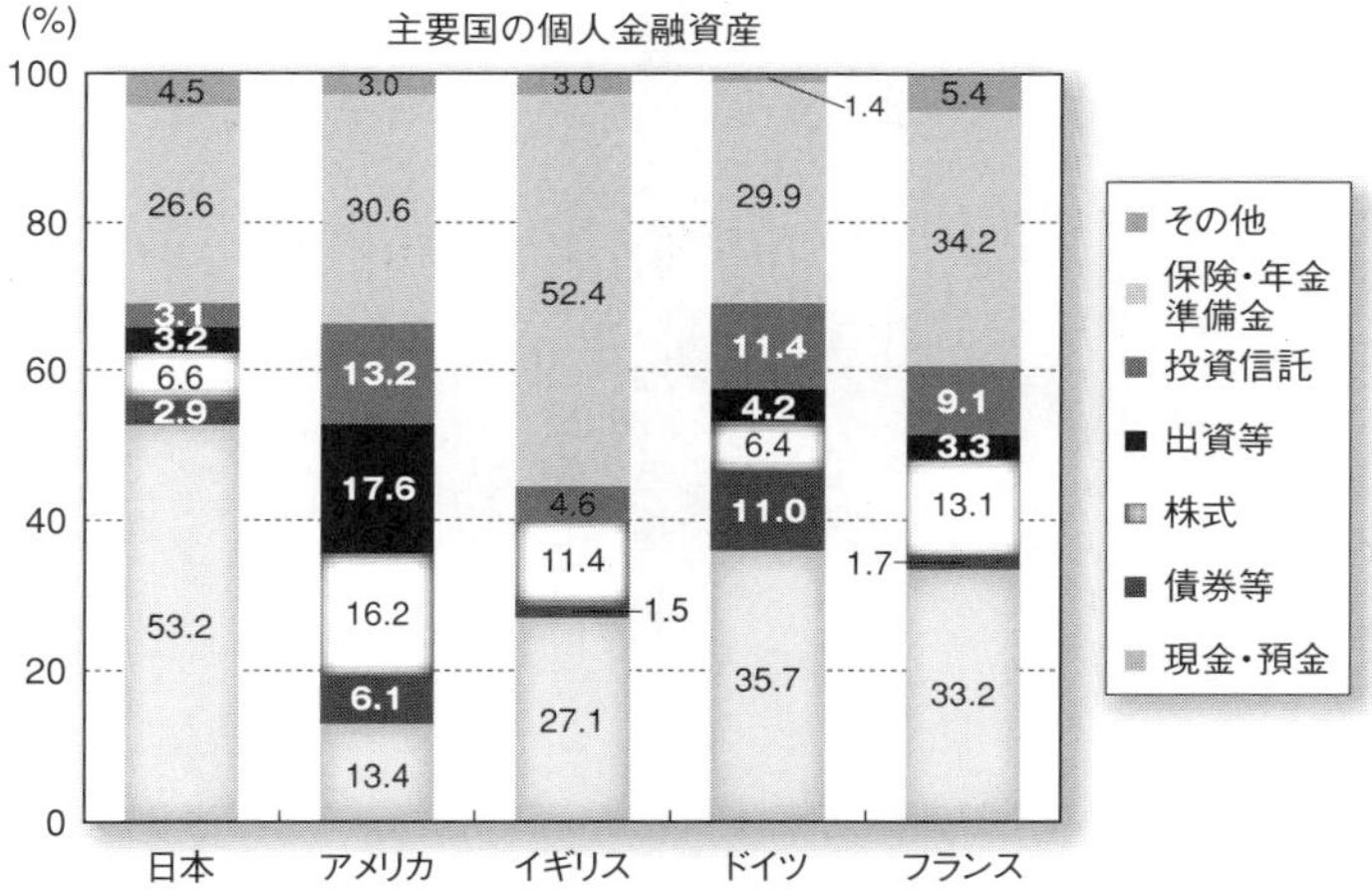

※　日本及びアメリカは2005年9月末、イギリスは2005年6月末、ドイツ及びフランスは2004年12月末。

（出典）各国政府・中央銀行公表資料から作成

貨預金」「公社債投信」「デリバティブ商品」などといった一般にはリスクがあると思われている商品についても、回答者の１割前後が、「自己責任といわれても困る」と答えています。

さらに、「自分で選んだ商品については、自分に責任がある」と回答した世帯の割合は、全商品にわたって、前年比低下しているのです。

このことは、〝自己責任の原則〟が十分には浸透していないことを如実に物語っています。

政府が「金融教育元年」と言い出したワケ

こうした現状の中、2005年7月には、都内のホテルで「経済教育サミット」が開かれました。

この〝サミット〟では、学校の先生方教育関係者ら約250人に加え、福井俊彦日銀総裁や竹中平蔵経済財政政策担当大臣が参加し、小中学生から社会人までの幅広い国民に対し、経済や金融の知識をどのように教育していくかが話し合われました。

中学校の教員からは、牛丼店開業をシュミレーションする授業の様子が紹介されました。中学生が牛丼屋の経営者となり、資金の借り入れや価格、働き方を設定し、景気の影響を受けながら借金を返済するなどの内容で、生徒からは「牛丼を出すだけでいろいろな条件があるから、お店を出すのは大変だと思った」「経営やお金の流れがわかった」などの感想があったとの報告がなされました。

席上、日銀の福井総裁は、

「お金の出し手である個人が広い経済金融知識を身につけて、少しでも自分で判断できる範囲を広げることが大事」

と金融自由化時代における個人投資家の重要性を述べました。

そして、この〝サミット〟で議長役を務めた竹中大臣は、「2005年を日本の経済教育元年にしたい」と宣言したのです。

また、11月26日には、東京の臨海副都心にある東京ビッグサイト（東京国際展示場）で、文部科学省、内閣府、金融庁、東京都教育委員会、日本銀行、そして全国公民科・社会科教育研究会が後援する「金融教育フェスティバル」が開催されました。

与謝野馨金融財政政策担当大臣、や福井俊彦日銀総裁に加え、タレントの村上里佳子さんや、精神科医の香山リカさんらが参加し、「これからの子どもたちに期待すること」と題したシンポジウムが行われました。

また、小学校6年生を対象とする、国対抗のビジネスゲームも行われました。

これは、1チーム4名の子供たちが、異なる資源や資金・技術力を持つ〝国〟を担当し、通商交渉や製品生産などを擬似体験することで経済や社会のしくみを学ぶゲームです。

このように、「金融教育」が最近、急速にクローズアップされ始めています。

なぜ、政府は急に、「金融教育」を政策の柱として、推進し始めたのでしょうか？

皆さんは、「金融ビッグバン」という言葉を耳にされたことがあることと思います。「金融を、フリー（自由）に、フェア（公正）、グローバル（国際的）にしていこう」という国の方針です。

この言葉だけを聞くと、なんとなくカッコいいし、良いことずくめのような気がしてきますが、果たしてそうなのでしょうか？

金融の自由化により、私たち個人（経済学では、「家計」と言います）にとっても、資産運用や借り入れの両方で、新たな商品やサービスが生まれています。

これ自体は良いことなのですが、われわれ個人の金融知識のレベルが、高度化・複雑化する金融商品に追いついていない、という問題があります。

金融知識がないために、消費者金融など多重債務に陥ったり、個人破産したりする個人が増えていることも事実であり、そのために金融教育が必要、と政府が考えるのも当然と言えます。「道具」であるお金に振り回されることのないように、子供のうちから、きちんと金銭教育を行っていくことは必要なことでしょう。

しかし、政府が「金融教育」を声高に叫ぶようになった一番の原因は、『年金ギャップ』にあります。

【図表11】で見たように、40代以下の世代では、政府が私たち個人に支払う年金だけでは、十分な老後の生活ができないことは明白です。

そして、今の学生たち以下の若い世代になればなるほど、この『年金ギャップ』は拡大していきます。誰にでも確実に訪れる老後に、質の高い生活をするためには、この『年金ギャップ』を埋めていく必要があります。

そのためには、どうすれば良いのでしょうか?

政府のホンネはこうです。

「国の財政状態からして、年金などの社会保障のレベルを維持することは困難ですよ」

(↓「所得の再分配機能」は低下せざるを得ない)

「足りない差額については、個々人が、リスク商品で運用して下さいね」

(↓「預金」から「投資」へ)

「そのためには、金融知識や運用技術を身につけて下さい」

(↓「金融教育」が必要)

「そのために金融を自由化して、さまざまな商品が選べるようにしてあげますからね」

(↓「金融ビックバン」で、外資を含めた金融機関に商品提供での競争を促す)

「元本割れのリスクがある金融商品については、販売業者に罰則付きで説明義務を課しますから」

（↓「金融商品取引法」の制定）

ここで、1つの素朴な疑問がわきます。

――運用に失敗したら、私たちのお金と老後は、どうなるの？――

リバタリアン（市場経済原理主義）的な考え方を採る政府の答えは決まっています。

「それは、〝自己責任の原則〟でお願いします」

私たちは、こういう時代に生きているのです。

ところが、私たちにはそういう現実に対する認識が十分にはありません。

こうしたことから、子供たちだけではなく、普通のオトナたちに対する金融教育への取り組みが求められているのです。

実は、こうした動きは、日本だけのものではありません。

例えば、ＯＥＣＤでは、「金融教育」の充実に加盟各国が官民を挙げて取り組むことを求めています。それは、「3年以内にその進捗状況を理事会に報告すること」という宿題付きの要請になっているほどです。

こうした世界的な動きの背景には、１つの共通点があります。

それは、多くの国で年金制度の維持が困難になってきていることです。

今までの確定給付型（掛け金は変動するが、貰える額は一定）の年金では制度が維持できず、確定拠出型（掛け金は一定だが、将来貰える額は変動する）に移行する国や企業が増えています。

アメリカでは、確定拠出型年金プラン（これを、４０１Kプランと言います）が主流ですが、このプランでは、個人一人ひとりが掛け金の運用方法――株にするか、投資信託にするか、預金にするか。また、その割合はどうするか――を選択することになっています。

日本でも、この確定拠出型年金プランを制度導入する企業が増えてきています。

つまり、「老後の生活の必要金額」と「年金受取額」との「差額」である『年金ギャップ』だけではなく、『年金そのもの』についても自己責任で運用し、その結果次第では「受取額」が増減する、というサラリーマンも増えているわけです。

まさに、「自分の金銭的将来は自分で決める」時代になってきているのです。

普通の市民が身につけるべき「資産運用リテラシー」

私たち普通の市民は、このような「自分の金銭的将来は自分で決める」時代に対応できているのでしょうか?

世の中の「何かが変わった」とうすうす感じてはいても、また、「投資」や「運用」におぼろげに興味があって書店で本を手にとっては見るものの、何からどう学んでいけばいいか分からない、という人が大半なのだと思います。

ここに興味深い調査結果があります。

日本経済新聞社が調査会社マクロミルに委託して、25歳から49歳の子供を持つ既婚者を対象に行ったインターネット調査です。(日本経済新聞2005年12月25日付)

「あなたには、株式投資に対する才覚があると思いますか?」という質問に対し、81%が「ない」と回答し、その理由として、「株式投資に必要な経済の知識が足りない」という答えが最多となっています。

また、「運もないし、ギャンブルに弱い」という回答も多く、株式投資をギャンブル、すなわち「投機」と同一視する見方が根強いことをうかがわせています。

同じ調査では、「現在、株式投資をやっている」「今後、やりたい」という回答は65%に上っていますが、このうちの72％は先ほどの質問で「才覚がない」と回答した人が占めています。つまり、多くの方が、不安を抱えながら、資産運用に向き合っている状況なのです。

本書では、こうした〝普通の市民〟の皆さん、とりわけ、私と同じ「年金不足世代」に属する皆さんと一緒に、「資産運用」に関する「リテラシー」を高めるための方策について、考えていきたいと思います。

ところで、「リテラシー」とは何でしょうか？

それは、「使いこなすための知識やちょっとした智恵」のことです。

最初にパソコンやインターネットを使い始めた時のことを思い出してください。

こわごわキーボードに触っていたのが、いつの間にか、自信を持って使えるようになっていったはずです。この状態を、「ＩＴリテラシーが高まった」などと言います。

「投資」や「運用」も同様です。

最初は、金融用語や金融的な物の考え方、そして数字の羅列に対して、どうしても「分かりにくい」「ややこしい」「めんどくさい」という反応が出てしまいます。

しかし、慣れていくうちに自然と、〝ちょっとした勘所〟のようなものが分かってきて、使いこなせるようになるのです。

私たち普通の市民が身につけるべき「資産運用リテラシー」とは、年金型の運用、すなわち、「〝負けない〟運用」のための智恵です。

一口に「資産運用」といってもいろいろな投資スタイルがあります。

お金を投資に回して増やしていく、という基本コンセプトは同じでも、普通の資産運用と年金を中心とした老後資金のための資産運用では、いくつかの大きな異なる点があります。

日本で、私たちの身の回りに氾濫している情報は、そのほとんどが「トレーディング（短期売買）」に関するものです。テレビや小説の中での「投資」のイメージは、「相場に勝つ」というものであり、株式投資＝短期売買というのが前提となってしまっています。

その結果、「投資は短期の内に利益を生み出すことが善であり、損を抱えた株を持つことは悪である」というイメージが定着してしまっているのです。

数多くの投資初心者が、そうしたイメージの中で取引を始め、損を出して、「株は二度とやらない！」と思い、市場から去っているのです。

中には、ビギナーズラックということで、いきなり大きな利益を出す方もいらっしゃいます。

しかし、そうした「トレーディング（短期売買）」手法は長続きしないことが多く、結局は損を抱えてしまいます。

日本には、この「トレーディング（短期売買）」とは対極にある運用方法である「インベストメント（長期投資）」に関する教育が、家庭でも学校でも全く行われておらず、こうした悲劇を生んでいます。

実は、『年金ギャップ』を抱える私たち20代から40代の普通の市民が身につけるべき「資産運用の手法」は、これとは対極にある「インベストメント（長期投資）」なのです。

この運用法によれば、投資について特殊な〝才覚〟は不要です。そのヒミツについては、本書の第3章と第4章で詳しく説明していきます。

さて、「運用」を考える場合、最も大切なこと、まず最初に考えなければならないことは、「投資の手法」でも「運用商品の中身」でもなく、『運用のゴール』です。

『年金ギャップ』を抱える私たち20代から40代の普通の市民にとっては、以下のようになります。

「いつの時点で（WHEN）」＝60歳のセカンド・ライフのスタート時に、

「どのくらいのお金を（HOW MUCH）」＝現在の貨幣価値ベースで、2000万円から3000万円程度のお金を、

「なんのために（WHY）」＝老後の豊かで安定した生活のために準備する必要がある

ということです。

これらのことから、以下のことが分かります。

①『年金ギャップ』のための資産運用は、20年とか35年といった超長期運用であり、超長期的な運用計画が重要

②目的が「遊び」のためではなく老後のための資金準備なので大負けはできない

③ただし、超長期運用であるため一時的な損失は許容できる。つまり、最終的な運用結果のみが重要である

④将来の生活基盤を支えるための運用であり、結果がインフレに負けず、実質的な価値が目減りしないような運用である必要がある

つまり、『年金ギャップ』を埋めるための運用戦略とは、「短期的な相場に勝つ」ことではなく、「超長期的に、運用計画通りに成果が得られる」、すなわち、「〝負けない〟運用」なのです。

＊

ところで、皆さんは、私たちの年金（厚生年金や国民年金）を運用している「年金資金運用基金（現・年金積立金管理運用独立行政法人）」という団体をご存知でしょうか?

「基金」というのは、英語に直せばファンドであり、「年金資金運用基金」は、私たちの年金の積立金を運営している〝国営・投資ファンド〟です。

皆さんは、〝国が行っている年金の運用〟と聞いて、何を連想されるでしょうか?

なんだかムダ使いをしていて、運用にも大失敗していそうなイメージがあるのではないでしょうか?

実は、「年金資金運用基金」は、２００５年の9月までの2年半の間に、11兆円の利益を上げることに成功しているのです。

この「2年半で11兆円稼いだ国の運用」も、特殊な才覚など要らない、「〝負けない〟運用」戦略に基づく成果だと考えることができます。

第3章では、この「年金資金運用基金」の運用戦略を具体的に見ていくことで、「〝負けない〟運用」の中身に迫っていきたいと思います。

第3章　あなたの年金を運用する「国営・投資ファンド」

2年半で11兆円稼いだ「年金資金運用基金」

皆さんは、ご自分の年金（サラリーマンやその主婦が対象の厚生年金や自営業者を対象とする国民年金）がどのように運用されているかご存知でしょうか？

『年金ギャップ』を埋めるための運用法を考える前に、まず、私たちの老後の基盤となる公的年金の運用法について、おさらいしておきたいと思います。

わが国では、自営業者や無業者も含め、基本的に20歳以上60歳未満の全ての人が公的年金制度の対象になっています。これを国民皆年金と言います。

保険は、多くの加入者がいることで、安定的な相互扶助が成り立つ仕組みとなっています。国会議員による保険料の未納や未払いが問題になるのは、制度の根幹に関わることだからです。

また、日本の年金制度は、【図表14】のように、国民年金（基礎年金）が1階にあり、その上にサラリーマンなら厚生年金、公務員なら共済年金が乗っています（2階部分）。さらに、厚生年金基金などに加入している人は3階部分までの年金給付を受けることができる仕組みになっています。

図からも分かるように、大半の国民は、将来、国民年金あるいは厚生年金（またはその両方）から、年金支給を受けることになります。

図表14　わが国の年金制度

「年金資金運用基金」は、「国民年金＋厚生年金」を運用

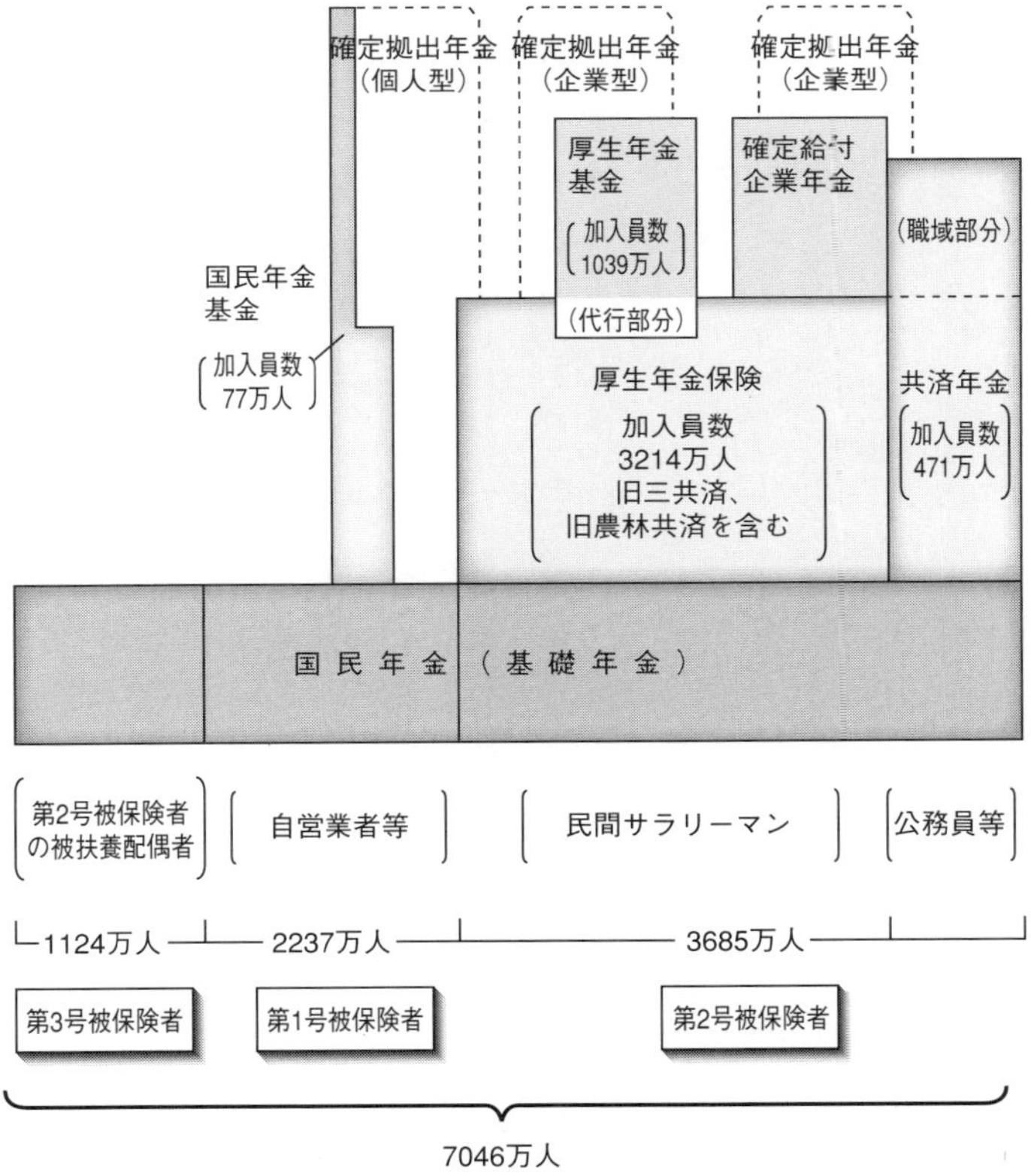

（出典）厚生労働省HPより

年金制度には、「賦課方式」と「積立方式」があります。「賦課方式」とは、そのときに必要な年金原資を、そのときの現役世代の保険料で賄う財政方式です。この場合、保険料率は基本的に年金受給者と現役加入者の比率によって決まるため、人口の高齢化が進むと保険料が上がるか、給付を下げるかを迫られます。

これに対し、「積立方式」とは、将来の年金給付に必要な原資を、あらかじめ保険料で積み立てていくやり方です。積立方式の場合、加入者や受給者の年齢構成が将来、見通し通り推移する限り、高齢化が進んでも保険料は影響を受けませんが、保険料の運用収入を見込んで保険料を決めるため、金利の変動など運用利率の影響を受けます。

わが国の年金制度は、ある程度の積立金を有するものの、基本は「賦課方式」という複合型になっています。

年金の保険料は年金の支払いなどに充てられますが、残りは年金積立金として積み立てられています。この2つの年金の積み立て額は、2005年3月現在で、148兆円に上っています。こうした巨額のお金はどのように運用されているのでしょう?

実は、私たちの年金資金は、職員数141名の政府全額出資の団体、「年金資金運用基金」という組織で、国の税金などとは完全に別会計で、運用されているのです。

２００６年４月から、「年金資金運用基金」は、「年金積立金管理運用独立行政法人」に改組・改名され、引き続き年金資金の運用を行っています。

「年金資金運用基金」と「年金積立金管理運用独立行政法人」の英文名称は、共にGovernment Pension Investment Fund、直訳すれば「政府年金投資ファンド」となります。「資金を集め、運用する」という行動は、まさに、〝村上ファンド〟や〝外資ファンド〟などと同じであり、「年金資金運用基金」は〝国営〟の投資ファンドであると捉えることができます。

村上ファンドの資金の出し手が欧米の年金基金や財産、あるいは超リッチな個人投資家であったりするのに対し、「〝国営〟投資ファンド」である「年金資金運用基金」の資金の出し手は私たち国民一人ひとり、ということになります。

２００５年の秋に、筆者は、リップルウッドなど外資系の投資ファンドや村上ファンドなどの運用の秘密をテーマにした『外資ファンド 利回り20％超のからくり』（ＰＨＰ研究所）という本を上梓しました。

その中で、「ニッポン放送を巡る買収騒動の真の勝者は、人知れず20％以上の利回りを上げたテネシー州の投資ファンドであり、その投資家はアメリカの年金基金である」という点を明らかにしたところ、読者から以下のような感想を頂戴しました。

――日本の企業のM&A騒動でしっかり利益を上げているのは、アメリカの年金受給者である。このことに矛盾を感じます。私たちの年金はどうやって運用されているのでしょうか？――

この読者の疑問は当然のことであり、私たち普通の市民は、大切な年金の積立金がどのように運用されているのかについて知る権利があります。

実は、2年ほど前、この巨額の年金積立金の使い道を巡って、大きな議論がありました。お昼のワイドショーなどでも取り上げられたその騒動で、バッシングの対象となった事柄は以下の2点でした。

すなわち、

（A）グリーンピアなど「福祉増進事業」に関する問題点

（B）年金資金の運用方針に関わる問題点

の2つです。

このうち、前者の（A）は、「年金資金運用基金」の前身である特殊法人・年金福祉事業団が、「年金積立金を活用して厚生年金、国民年金等の加入者や需給者の福祉の増進を図る」目的で、全国13カ所に設置した〝グリーンピア〟と称する「大規模年金保養基地」事業に関する批判です。

保養施設〝グリーンピア〟のほとんどが利用者の見込みにくい土地に建設され、放漫経営もあり、大幅な赤字に陥っていました。

こうした事態に対し、「加入者や受給者の福祉の増進にはなんら寄与していない」「私たちの貴重な積立金を湯水のごとく浪費し、必要のない宿泊施設などを作っている」という非難の声が上がったのです。

このこと自体は当然のことであり、旧厚生省の無責任体質は厳しく糾弾されるべきです。世論の批判もあり、グリーンピア事業は２００５年度末をもって廃止されることになりました。

この時、もう一つ、マスコミの批判の対象になったのが、（B）の年金資金の運用方針です。すなわち、「私たちの年金の積立金が株に投資され、大損している」「運用経験のない官僚に株式運用をさせるなんておかしい」といった批判がなされたのです。

確かに、当時、株式市場は大幅に下落し、国の年金資産の運用も損失を抱えていました。その金額（累積損失額）は、２００３年の3月末時点で6兆円という巨額なものでした。

マスコミはここぞとばかりに、政府の運用方針をバッシングしました。

ところが最近、その手の報道は、鳴りを潜めています。

この巨額の損は、いったいどうなったのでしょう？

私たちの将来の年金受給に関わるものだけに、気になるところですが、マスコミからは何も聞こえてきません。

実は、この2年半で、この6兆円あまりの損は取り返され、逆に5兆円近い利益を生んでいるのです。【図表15】

つまり、「年金資金運用基金」はこの2年半で11兆円の利益を出しているのです。

2年前の報道で、少なからず、国民の年金に対する不安を煽ったマスコミには、その後についても、きちんとフォローする責任があると思われます。

「国は、私たちの年金積立金を運用して、見事に稼いでくれましたよ」と褒める――、あるいはそこまでは行かなくても、「皆さんの年金に生じていた損は、ちゃんと取り戻されていますよ」という事実を国民にきちんと伝える――それが法律によって〝公共性〟が認められ、外国人からの買収にも守られているテレビやその他マスコミの使命だと考えます。

図表15　2年半で11兆円儲けた「年金資金運用基金」

	平成17年度上半期	平成16年度	平成15年度	平成14年度	平成13年度
修正総合収益率	6.74%	4.60%	12.48%	−8.46%	−2.48%
総合収益額	3兆9,831億円	2兆3,843億円	4兆7,225億円	−2兆5,877億円	−6,564億円
運用手数料等		−232億円	−193億円	−184億円	−308億円
引受財投債の収益額		2,284億円	1,691億円	1,347億円	690億円
利払い額		−3,476億円	−4,417億円	−5,893億円	−6,902億円
累積損益額		6,008億円	−1兆6,411億円	−6兆717億円	−3兆109億円

2年半で
11兆円の利益

あなたの年金はこう運用されている

私たちの年金を運用する「〝国営〟投資ファンド」とでも言うべき「年金資金運用基金」ですが、彼らはどのようにして6兆円という巨額の損失を抱え、これを取り戻したのでしょうか？

特に、2年半で11兆円を稼いだのは、どのような運用手法によるものなのでしょうか？「厚生労働省が株式売買に長けた優秀なファンド・マネージャーを雇い入れた」という話も聞きませんし、「政府が内部情報を利用してインサイダーまがいの売買で儲けた」、ということも考えにくいとすれば、どのようなヒミツがあるのでしょうか？

実は、年金資金運用基金の年金運用の方法は、ＨＰ（http://www.gpif.go.jp/）上で情報公開されています。私たちの大切な年金積立金がどのように運用されているか、私たちはいつでもチェックすることができるわけです。

この資料によれば、「年金資金運用基金」による年金運用は、以下のような「ＰＬＡＮ」→「ＤＯ」→「ＳＥＥ」のサイクルで進められていることが分かります。【図表16】

図表16 「年金資金運用基金」の「PLAN」→「DO」→「SEE」のサイクル運用

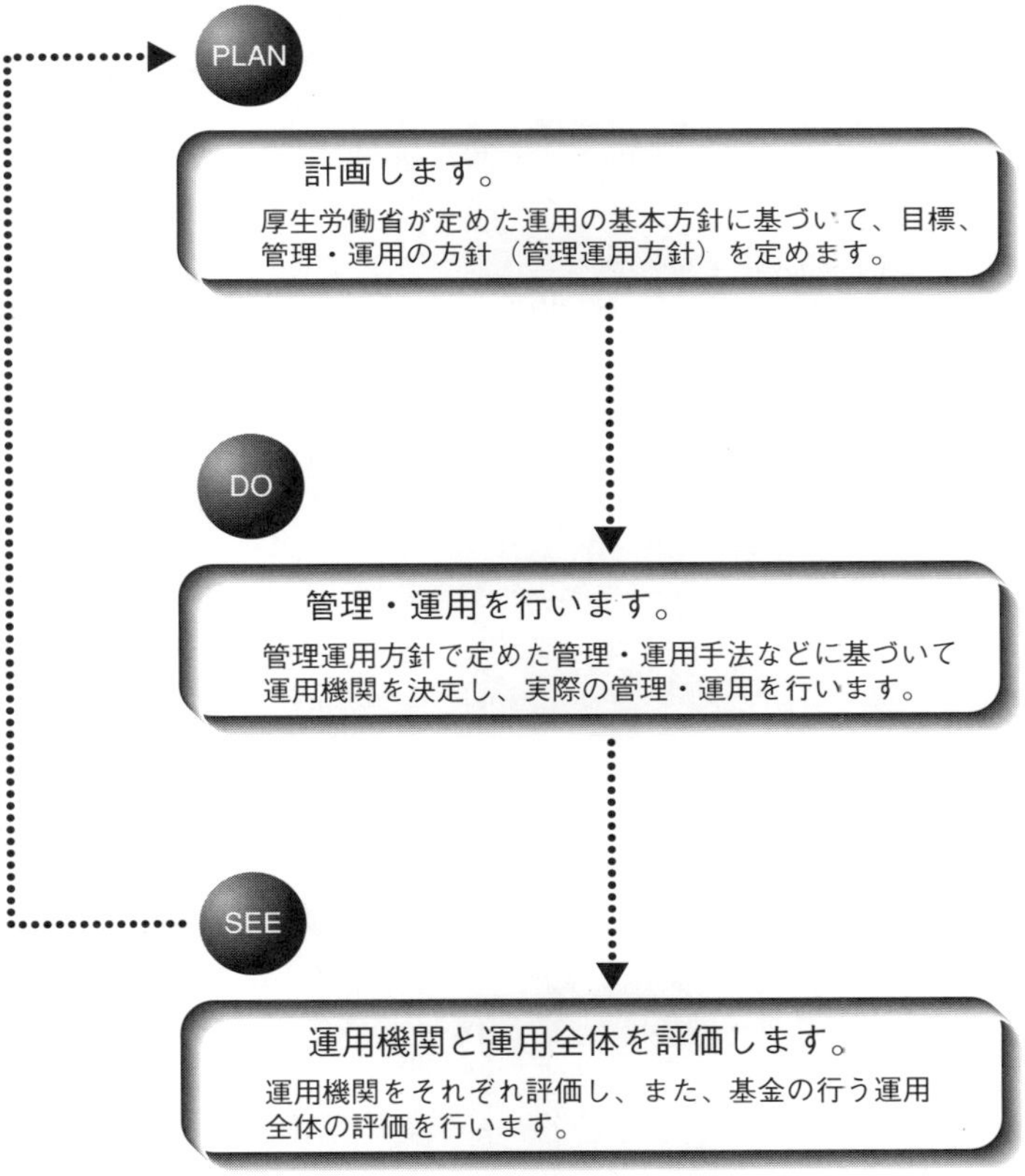
PLAN
計画します。
厚生労働省が定めた運用の基本方針に基づいて、目標、管理・運用の方針（管理運用方針）を定めます。
DO
管理・運用を行います。
管理運用方針で定めた管理・運用手法などに基づいて運用機関を決定し、実際の管理・運用を行います。
SEE
運用機関と運用全体を評価します。
運用機関をそれぞれ評価し、また、基金の行う運用全体の評価を行います。

（出典）「年金資金運用基金」HPをもとに作成

（1）ＰＬＡＮ＝①運用の目標利回りを決める
②運用対象を決め、それぞれの利回りやリスクを想定する
③それぞれの運用対象への資金の振り分け率を決める
（2）ＤＯ　＝実際の運用を金融機関に委託する
（3）ＳＥＥ　＝実際の運用結果を計画との関係から評価する

まず、運用で最初に行うべきことは、運用のゴール、すなわち目的を明確にすることです。

私たちの年金（厚生年金と国民年金）の積立金72兆円は、国から「年金資金運用基金」に寄託されています。そして、「年金資金運用基金」は、将来の予想される年金給付に備えて、しっかり運用するという目的を負っています。

「年金資金運用基金」の運用のゴールは、厚生労働大臣が社会保障審議会に諮問して決定される仕組みになっており、２００４年度は「目標利回り・年利４・５％」、２００５年度は「年利３・３７％」で回るように運用することが求められています。

仮にこの利回り以下でしか運用できないと何が起こるのでしょう？

お分かりのように、以下の2つのことのいずれかが起こってしまいます。

（A）将来支払うべき年金給付額が減ってしまう

（B）支払われる年金給付額を予定通りとするため、掛け金を引き上げるか税金を投入する

つまり、どちらにしても国民に負担を強いることになります。

従って、ただ単に「4・5％の利回りで回るように運用する」だけでなく、「なるべく運用の成果が4・5％から外れないように、ブレないように、運用する」ことが求められるのです。

後ほど説明しますが、このブレは「ボラティリティ（価格の変動幅）」という数値で表されます。

「年金資金運用基金」は、これを5・5％程度に収めるように運用することが求められているのです。

次に、〝国営投資ファンド〟である「年金資金運用基金」が行うのは、運用対象を決め、それぞれの利回りやリスクを想定することです。

世の中には、さまざまな運用対象があります。株や債券だけでなく、外貨預金や不動産、さらには商品先物やワイン・ファンドなど、マネー雑誌を見れば、ありとあらゆる運用商品が並んでいます。

こうした投資の中から、国民の年金の運用を請け負う「年金資金運用基金」が運用対象として選んでいるのは、以下の5つです。

①国内債券、②国内株式、③外国債券、④外国株式、⑤短期資産（現金・預金等）

このうち、⑤の現金・預金は運用という範疇には入らないとすれば、年金の積立金をこれら4つの運用対象――国内外の株式と債券の「4資産」――に回すことになります。【図表17】

それでは、これらの運用対象はどうして選ばれたのでしょうか？　また、これら以外の商品はなぜ選ばれなかったのでしょうか？

金融商品を考える場合、3つの観点から評価する必要があります。

「安全性」「流動性」「収益性」の3つです。

「安全性」とは、「どの程度、元利金の支払が確実か」ということです。

一般的に、国債や銀行等の預貯金は安全性が高く、株式や株式投資信託などは安全性が劣ると言えます。年金性資金の運用をする場合、安全性は重要なポイントの1つです。

「流動性」とは、「どの程度、自由に現金化できるのか」ということです。

年金積立金の運用は、いずれは給付に回されることから、一定の流動性は必要です。この点

図表17　内外4資産のマトリックス

	債券	株式
国内資産	①国内債券	②国内株式
海外資産	③外国債券	④外国株式

で、企業買収ファンドや不動産そのものなど、流動性の劣る商品への投資は慎重に検討する必要があります。

「収益性」とは、「どの程度、収益が期待できるのか」ということです。

これについては、リスク（収益のブレ）との対比で考える必要があり、後ほど詳しく見ることにしましょう。

以上の3要素を勘案して、「年金資金運用基金」では、現状、①国内債券、②国内株式、③外国債券、④外国株式、⑤短期資産（現金・預金等）を運用対象としています。

「期待収益率」と「ボラティリティ」

年金資金運用基金では過去の実績等から、「4資産」それぞれについての平均的な期待利回り（リターン）を以下のように、推定しています。

①国内債券　　4・0％
②国内株式　　6・5％
③外国債券　　4・5％
④外国株式　　7・0％

これをご覧になって皆さんは次のように感じられるのではないでしょうか？

「年利回り4・5％を目標として運用するなら、全額③の外国債券を買えばいいのでは？」

「いやいや、②の国内株式か、④の外国株式を買えば、目標利回り以上の運用成果が期待でき、国民の年金が増えるから、これらの資産が良いのではないか」


確かに、期待利回りだけを見るとそのように思えます。

ここで、「年金資金運用基金」の運用のゴールをもう一度、確認してみましょう。

図表18　日本の国債と株式の年間収益実績（抜粋）
——国債は常にプラスの値だが10％未満の収益率、株式はプラス20％超もあるがマイナス40％超と大幅に損をすることも

	国内債券（国債）	国内株式（TOPIX）
⋮		
1989年	4.2%	29.3%
1990年	6.4%	12.8%
1991年	6.6%	−47.5%
1992年	5.4%	−3.8%
1993年	4.1%	−23.3%
1994年	3.2%	18.0%
⋮		

89ページに記載の通り、国民の大切な年金積立金を運用する〝国営投資ファンド〟としての「年金資金運用基金」の２００４年度における運用のゴールは、単に「４・５％の利回りで回るように運用する」ことではなく、「なるべく運用の成果が４・５％から外れないように、ブレないように、運用する」ことでした。

運用の成果がブレるというのは、どういうことでしょうか？

ここで、

①国内債券の代表選手としての「国債」と、

②国内株式の代表としての「東証株価指数（ＴＯＰＩＸ）」の過去数十年間における運用成績を細かく見てみることにしましょう。【図表18】

すると、①国債の方は全てプラスの運用成績であるのに対し、②東証株価指数の方はプラス20％超と好成績の年もあれば、マイナス40％を超えている不調の年までさまざまであることが分かります。

つまり、「国債による運用」の方が、「株式による運用」よりバラツキが小さいと言えます。運用の世界では、このバラツキが激しいことを、「リスクが高い」とか「ボラティリティが大きい」などと言います。ちょっとややこしいのですが、このバラツキを「標準偏差」という数字で表します。学生時代に慣れ親しんだ「偏差値」の親戚です。

投資理論では、この「標準偏差」を「リスク」と呼ぶのですが、一般名詞のリスクと紛らわしいため、本書では「投資結果のブレ」あるいは「ボラティリティ」と呼ぶこととします。

さて、「年金資金運用基金」では、過去のデータから、「4資産」について、「ボラティリティ」を計算し、次のように公表しています。

①国内債券　　５・４５％
②国内株式　２１・６２％
③外国債券　１４・６７％
④外国株式　２０・３０％

つまり、期待利回りだけで見ると高い運用成績を期待することができると思われた②国内株式と④外国株式は、ともに「ボラティリティ」が20％以上と高く、運用成績が大きくバラつく性質を持っていることが分かります。

ここで、この数字と先ほどの期待利回りを併せて考えてみましょう。

例えば、①「国内債券による運用」は、「期待利回りが４・０％でボラティリティが５・４５％の運用である」、ということになるわけです。

これらの数字は何を意味しているのでしょうか？

実は、ある投資の「期待利回り」と「ボラティリティ」が分かっている場合、

①その投資を行えば、実際のパフォーマンス（運用成績）は、６８・２６％の確率で、「期待利回り」プラス・マイナス「ボラティリティ（標準偏差）」の間に収まり、

②９５・４４％の確率で、「期待利回り」プラス・マイナス「２×ボラティリティ（標準偏差）」の間に収まる、

ということが、統計学上、証明されているのです。【図表19】

従って、①の「国内債券」に投資した場合の投資利回りは、約３分の２（厳密には６８・２

6%）の確率で、（4・0マイナス5・45）%から（4・0プラス5・45）%の中に入るということになります。

つまり、国債などの「国内債券」に6回投資するとすると、
（1）そのうち4回は、投資利回りが、マイナス1・45%から9・45%の間に入り、
（2）6回のうち1回は、9・45%以上の高利回りとなり、
（3）逆に、6回に1回くらいは、マイナス1・45%を下回る利回りになってしまう、
ということを意味していることになります。

あなたが30歳で、60歳まで30年間、国債で資金を運用したとすると、30年のうち5年（＝6回に1回）くらいは、利回りがマイナス1・45%を下回ってしまいますが、それ以外の25年間はそれ以上の利回りが期待できる、ということになるわけです。

同じように、②「国内株式」にあなたが投資していれば、変動はあっても平均的にはプラス6・5%くらいの収益があげられる（＝期待利回り）が、6・5%プラス・マイナス21・62、すなわち、マイナス15・12%～プラス28・12%くらいの値動きは覚悟しなければならない、ということになるのです。

図表19 「期待利回り」±「ボラティリティ（標準偏差）」内に収まる確率は6回に4回

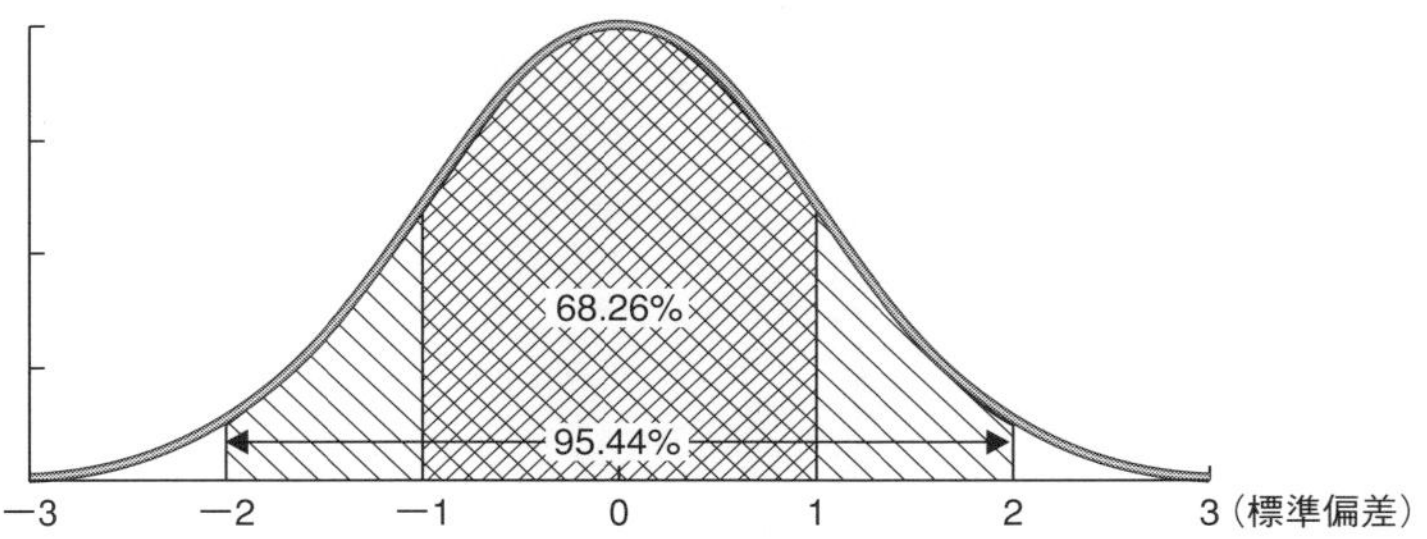

今まで、なんとなく上がったり下がったりすると思っていた株式も、このように統計的な手法を用いることで、直感ではなく、科学的にその値動きを捉えることができます。

２０００年から２００２年の3年間、「国内株式」からのリターンは20％前後のマイナスが続きました。そして、２００５年には一転して、40％を超える値上がりを示しました。

このように株式などの相場が大幅に変動する事態に遭遇しても、それが異常値だと分かっていれば、慌てずに冷静に対処することができるのです。

「期待利回り」と「ボラティリティ」を理解することで、その投資対象の値動きの幅やクセを知ることは、運用の基本中の基本です。

そうした貴重な情報を、「年金資金運用基金」の公開資料から知ることができるのです。

ノーベル賞学者の理論に基づくアセット・アロケーション（資産配分）

さて、ここで「4資産」のボラティリティを加味した期待利回りをもう一度見てみましょう。

国内債券　マイナス　1・45％～プラス　9・45％（期待利回り4・0％）
国内株式　マイナス15・12％～プラス28・12％（期待利回り6・5％）
外国債券　マイナス10・17％～プラス19・17％（期待利回り4・5％）
外国株式　マイナス13・30％～プラス27・30％（期待利回り7・0％）

こうしてみると、国内債券は価格の変動があまり大きくなく比較的安定したリターンが見込める一方、株式は国内外とも大きく損をする（利回りがマイナス）こともあれば、大きく得をする可能性もあることが分かります。【図表20】

今まで、直感的に思っていたことが、こうして数値化され、可視化することができたわけです。

さて、「年金資金運用基金」が次に行うことは、これら「4資産」に資金を割り振ることです。これをアセット・アロケーション（資産配分）と言います。

図表20　「4資産」の期待利回りの幅
（1標準偏差における「ボラティリティ」）

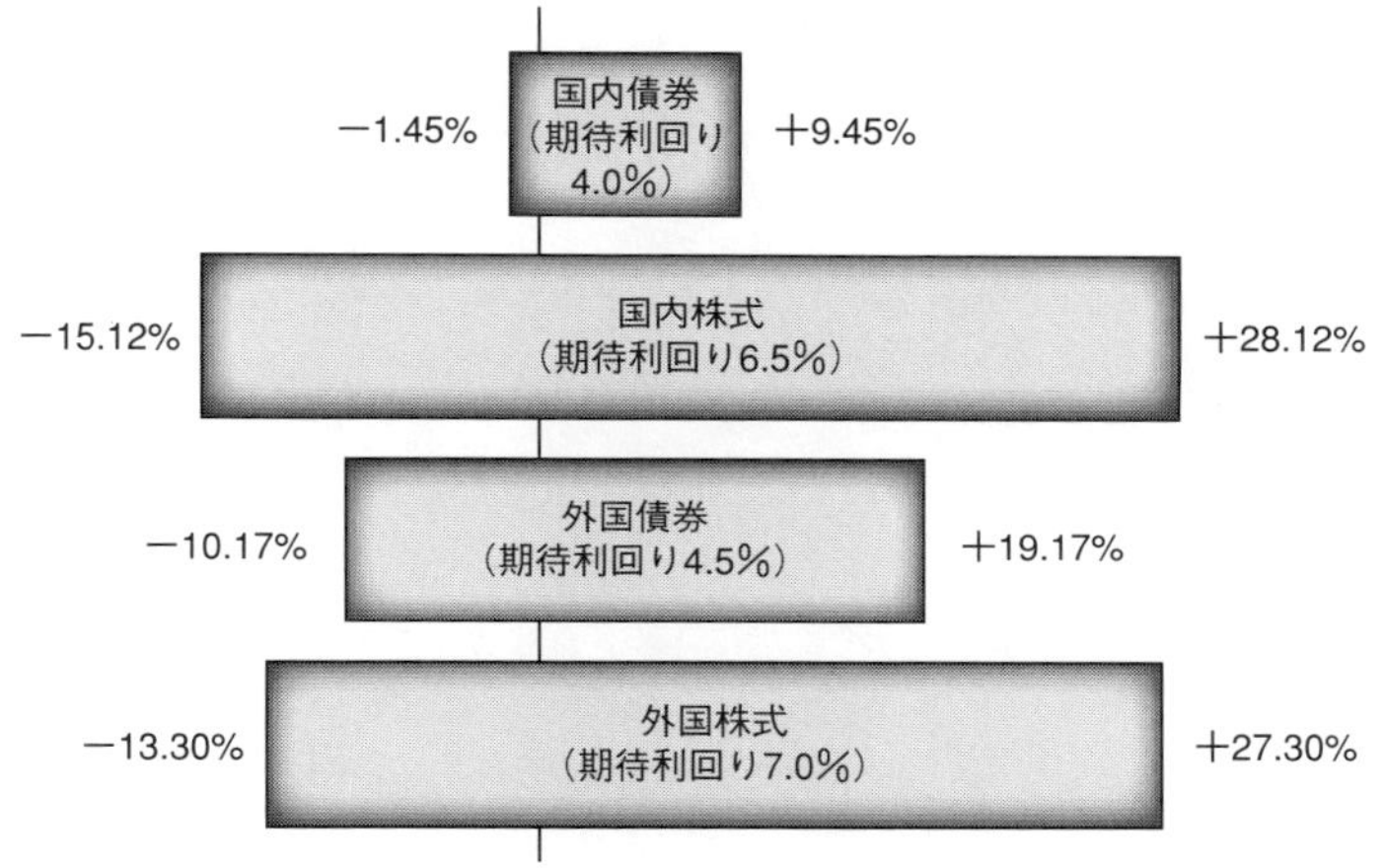

それでは、どのように資金を配分すれば、良いのでしょうか？「4資産」に均等に割り当てれば良いのでしょうか、それとも、どれかに重点的に資金を配分すべきなのでしょうか？

ここで、②国内株式と④外国株式の数字をご覧になって、あることに気づかれた方もいらっしゃるかと思います。

実は、④外国株式の期待利回りは7・0％と②国内株式を上回っており、かつ、変動幅も小さいのです。

つまり、④の外国株式は高い利回りを安定的に出せる優れた運用対象であるということになり、同じく高利回りを狙う②国内株式に資金を振り向ける理由がないように思えます。

ここで、実際に「年金資金運用基金」が公表している「4資産」の組み合わせを見てみましょう。私たちの年金の積立金はこのような割合で運用されているのです（2004年度基本ポートフォリオ）。

①国内債券　68％
②国内株式　12％
③外国債券　7％
④外国株式　8％
⑤短期資産（現金・預金等）　5％

ご覧のように、「4資産」全てに資金が配分され、②国内株式には12％と2番目に多い資金が配分されています。

これは、どうしてなのでしょうか？

第4章の4節で詳しく解説しますが、こうした異なる資産に資金を配分することで、ボラティリティを抑えた運用が可能になるのです。

例えば、「株式」と「債券」は異なる性質を持っています。好景気で高金利の時は株価が上がりますが、債券の価格は下落する傾向が見られます。

このように、株式と債券を組み合わせて持つことによって、全体の値動きを安定させ、大きな値下がり（値上がりも）の影響を受けにくくすることができます。これを「資産の分散効果」と言います。

難しい計算は省きますが、「年金資金運用基金」では、前ページの比率の資産配分で運用をすれば、平均的に4・5％の収益を稼ぐことができると計算しています。また、ボラティリティ（利回りの変動幅）はプラス・マイナス5・5％程度になると公表しています。

つまり、このアセット・アロケーション（資産配分）運用は、マイナス1％～プラス10％の幅で運用できると予想しているわけです。

こうした運用方法を、「ポートフォリオ運用」と言います。

現在の金融理論の根幹をなす考え方であり、この運用の素晴らしさを数学的に証明した学者は、その功績でノーベル賞を受賞しています。

「何もしなかった」ことが11兆円の利益を生んだ

2002年度末までに、「年金資金運用基金」が運用する年金資産が6兆円の損失を抱えたことは事実です。

しかし、「年金資金運用基金」はこれを2年半で取り返し、さらに5兆円のおつりを得ています。つまり、2年半で11兆円の利益を上げたわけです。

こうした運用成績の回復の裏には、どんな秘密があったのでしょうか?

実は、秘密は何もない、というのが答えです。

敢えて言えば、「ポートフォリオ理論」を信じて、「何もしなかった」ことがこの成果をもたらした、と考えることができるのです。

普通の感覚であれば、株価が3年連続して下がり、自分の持っている資産が目減りしてくると不安になり、あたふたしてしまいます。中には、怖くなって株式を売却してしまうケースもあるでしょう。

実際に、各企業が単独で、あるいは連合して作っている厚生年金基金(年金制度の〝3階部分〟に当たります)では、こうした動きが見られました。

こうした年金基金では、元・人事部長さんなどが基金の理事として運用に責任を負っているのですが、株式相場の下落に伴う資産の急激な目減りに怖くなって、株式を売却し、債券や短期市場商品に乗り換えた例がいくつか見られました。

その結果、相場が回復した２００３年以降も高い運用利回りを享受できず、その企業年金は含み損を抱えたままになっているのです。

一方、「年金資金運用基金」では、運用者が当初の方針を貫きました。

つまり、株式は下がるままに任せ、相場が下がってもジタバタしなかったのです。

それどころか、１００ページに示した資金配分割合（これを、アセット・アロケーションと言います）に従って、株式を買い増したのです。

すなわち、株式が大幅に下落すると、全体のポートフォリオに占める株式の割合が定められた12％よりも大きく減ってしまいます。そこで、「年金資金運用基金」の官僚たちは、ルールに従い、毎年の年金の積立金で株式を買ったのです。

この行動を、「リバランス」と言います。

デフレ不況と言われる中で企業業績が悪化し、日経平均が７６０７円というバブル後最安値まで下落し、６兆円もマイナスを作ってしまうと、普通の神経を持っている人であれば怖くなってしまい、株式を買い増すことなどできなくなっても不思議ではありません。

また、逆に、市況が上昇して儲かり始めると、まだまだ上がる気がして、株式を売却して比率を当初のアセット・アロケーション通りにしようとは思わなくなりがちです。

しかし、それでは「ポートフォリオ運用」で想定した期待利回りを得ることはできません。「国内株式」は激しい価格変動があるが長期的に見れば平均的には年6・5%程度の値上がりが期待できる——「年金資金運用基金」では、その分析を信じて、当初の運用ポリシー（方針）を遵守し、「リバランス」を行ったのです。

その結果、「年金資金運用基金」は、2003年度に4兆7000億円、2004年度には2兆4000億円を運用で稼ぎ、過去の6兆円の損を取り返しただけでなく、2005年の上半期には、さらに4兆円の利益を上げることに成功しました。

これを、利回りで表せば、2003年度　プラス12・48%、2004年度　プラス4・60%、2005年上期はプラス6・74%という好成績です（修正総合収益率ベース）。

「年金資金運用基金」の11兆円の儲けの秘密は、このように、運用ポリシーを大切にし、値下がりしてもおそれず、アセット・アロケーションを変えなかったことにあるのです。

この意味では、ルールを金科玉条の如く守る性格を持つ公務員が基金を運営していることが皮肉にも功を奏したと言えなくもありません。

平たく言えば、「決められたアセット・アロケーションに従い、何も積極的な行動をしなかった」ことが、11兆円の利益に繋がったのです。

こうした「ポートフォリオ運用」は、わが国だけでなく、現在、世界中の年金性資金の運用手法の主流となっています。

第４章の４節で詳しく紹介しますが、アメリカ最大の年金基金「カルパース（カリフォルニア州公務員退職年金基金）」も、世界第２位の年金基金・オランダの「ＡＢＰ（公務員・教職員年金）」も、こうした「ポートフォリオ運用」を行っています。

実は、長期の資産運用においては、「A社の株を買うか、B社の株を買うか」といった個別銘柄の選別はほとんどパフォーマンス（運用成績）に影響しないのです。

一方で、「各資産に何割ずつ投資するか」というアセット・アロケーションが運用成績の90％程度を左右する、ということが数多くの学術的研究によって実証的に証明されています。

つまり、年金基金のような「インベストメント（長期投資）」を行う機関投資家にとっては、アセット・アロケーションを決定するところまでが大仕事であり、後はその運用ポリシーを揺るぎなく守っていくことが重要な仕事になるのです。

"国営・投資ファンド"のPLAN→DO→SEE

今まで見てきた「年金資金運用基金」ですが、実際に株式や債券の売買を官僚が行っているわけではありません。

86から88ページで見たように、「年金資金運用基金」では、「PLAN」――すなわち、①運用の目標利回りを決める、②運用対象を決め、それぞれの利回りやリスクを想定する、③それぞれの運用対象への資金の振り分け率（アセット・アロケーション）を決める――に十分な時間をかけて検討します。

そして、「DO」――実際の運用――は、投資顧問会社や信託銀行などの運用機関に委託するのです。

1年後、「SEE」のフェーズでは、各運用委託先の運用結果を精査し、翌年の運用計画と委託先の選定を行います。

運用機関にとっては、世界最大の投資ファンドである「年金資金運用基金」は最重要のお客さまですから、手数料の引き下げなどの営業努力を行います。

このように、「年金資金運用基金」では、プロの運用機関を競わせることで、私たちの年金の運用利回りを高めることを狙っています。

図表21 「年金資金運用基金」の運用委託先（受け取り手数料順）

三菱UFJ信託銀行
住友信託銀行
三井アセット信託銀行
みずほ信託銀行
りそな信託銀行
ステート・ストリート信託銀行、同投信投資顧問
バークレイズ・グローバル・インベスターズ、同信託銀行
野村アセットマネジメント
ゴールドマン・サックス・アセットマネジメント
興銀第一ライフ・アセットマネジメント
ピムコジャパンリミテッド
シティトラスト信託銀行
シュローダー投信投資顧問
モルガン・スタンレー・アセットマネジメント投信
東京海上アセットマネジメント投信
野村ブラックロック・アセット・マネジメント
三井住友アセットマネジメント
ウエリントン・インターナショナル・マネージメント・カンパニー
ニッセイアセットマネジメント
アライアンス・キャピタル・アセットマネジメント
キャピタル・インターナショナル
ソシエテジェネラル・アセットマネジメント
メリルリンチ・インベストメント・マネジャーズ
ドイチェ・アセット・マネジメント、ドイチェ信託銀行
J. P. モルガン・フレミング・アセットマネジメント・ジャパン
ノーザン・トラスト・グローバル・インベストメンツ
アイルランド銀投資顧問
フィッシャー・フランシス・トリーズ・アンド・ワッツ
明治ドレスナー・アセットマネジメント
モルガン信託銀行
UBSグローバル・アセットマネジメント
フィデリティ投信
大和住銀投信投資顧問
日興アセットマネジメント
損保ジャパン・アセットマネジメント
MFSインベストメント・マネジメント
朝日ライフアセットマネジメント
野村信託銀行
T&D　アセットマネジメント

ご参考までに、「年金資金運用基金」による運用委託先を【図表21】にお示ししておきます。

これらの運用機関のことを、「アセット・マネージメント（資産運用）会社」と呼びます。

世界のトップクラスのアセット・マネージメント会社が、世界最大の年金基金とも言われる「年金資金運用基金」の運用機関への指名を巡って、激しい争いを繰り広げているのです。

一方で、私たちの年金を運用している「年金資金運用基金」の運用手法には、課題があることも指摘されています。

後ほど第4章4節で詳しくご説明しますが、諸外国の大手年金基金では、分散効果を効かせるために、「内外の債券と株式」という伝統的4資産だけでなく、「不動産」や「プライベート・エクイティ（非公開・未上場株式）」、さらには「ヘッジ・ファンド」にも投資しています。

こうした先進的な運用に比べると、「年金資金運用基金」の運用はオーソドックスなものと言え、運用対象の多様化を図るべきではないか、という議論もおこっています。

いずれにしても、私たちの大切な年金資金を管理・運用している「年金資金運用基金」の投資行動に対し、私たちはもっと関心を持つことが重要です。

そして、受益者として、情報公開を求め、運用の手法をウォッチしていくことが、求められています。

それは、一人の受給権者としての当然の権利という側面だけでなく、『年金ギャップ』を埋めるための運用を一人ひとりが行うにあたっての貴重な情報源としての側面があるからなのです。

＊

第3章では、私たち普通の市民の年金を運用している「年金資金運用基金」の投資戦略を見てきました。

彼らが運用ポリシーを大切にしながら、「ポートフォリオ理論」に忠実に、国内外の株式と債券の４資産の運営を行っていることを知りました。

本書のテーマは、私たち一人ひとりが、『年金ギャップ』――すなわち、「老後の生活の必要金額」と「年金受取額」との「差額」――にどのように対応すべきかについて、考えることです。

第4章では、今までの議論を踏まえて、現在45歳の世代では2０００万円・35歳の世代では2５００万円という『年金ギャップ』を解消するための方策、すなわち「〝負けない〟運用」の具体的中身について、〝7つの智恵（リテラシー）〟を中心に見ていくことにしましょう。

第4章 〝負けない〟資産運用——あなたを豊かにする7つの智恵（リテラシー）

第1の智恵 「トレーディング（短期売買）」から「インベストメント（長期投資）」へ

日本人が知らない賢者の投資法

現在は戦後、何回目かの株式投資ブームと言われています。

私たちの社会では、これまで、「投資」や「運用」、とりわけ、「株式投資」については、なにかうさんくさいもの、という風に捉えられてきました。

この背景には、わが国に古くからある、「お金は汚いもの」、「清貧こそ美徳」というメンタリティがあるように思われます。

わが国は資本主義経済の国であり、株式会社が経済の中心を担っています。

その株式会社の経営者を選ぶ権利と配当などを受ける権利は、「株式」に凝縮されています。

その意味で、「株式」の売買がわが国の経済の基盤であることは事実です。

この観点からすれば、最近になって、「株式や債券への投資で財産を形成するのは良いことである」という認識が広がりつつあること自体は、喜ばしいことです。

しかし、巷に溢れるマネー雑誌や投資本のほとんどは、私たち普通の市民に必要な運用方法からかけ離れた「トレーディング（短期売買）」のテクニックを紹介するものばかりです。「短期間であっと言う間に儲かる○○」「△年で□倍になる投資法」「あなたも○○で大儲けできる！」……書店にはこういった類の本が並んでいます。

また、テレビなどは、デイトレード（株式の動きを小まめに捉え、1日の間に何度も取引する手法）で生計を立てている人を頻繁に取り上げています。

――自宅の机のパソコンで、いくつものチャートのウインドウを開いて、リアルタイムで動くマーケットを見ながら、売買のタイミングを見計らう。そして、うまくいけば普通のサラリーマンの月給程度の数十万円単位の利益を、わずか数分で手にしてしまう――。

そんな話を聞けばデイトレードに興味を持つ人が増えるのも当然かもしれません。

こうしたブームの背景には、①規制緩和と②技術革新があります。

すなわち、かつては横並びだった証券会社に支払う売買仲介手数料が、完全に自由化されました。そして、インターネットの普及とネット証券の台頭により、かつてはプロしか知りえなかったリアルタイムでのマーケット情報が、安い売買手数料で利用できるようになったのです。

実は、一口に「運用」や「投資」と言っても、プロの機関投資家では、いろいろな投資スタイルを採用しています。

例えば、会社の成長性（これを「グロース」と言います）に着目する投資スタイルを取る投資家もいれば、株価の割安度（「バリュー」）に注目するファンド・マネージャーもいます。

信託銀行や生命保険会社、あるいは投資顧問会社や私募ファンドといった運用の世界におけるプロの機関投資家の世界においては、さまざまな運用に対する考え方が渦巻き、それらが全体としてマーケットを構成しています。

ところが、個人投資家に関して言えば、ほとんど1つの投資スタイルしか紹介されていません。それが、「相場に勝つ」ことを目的とした短期運用、すなわち、「トレーディング」です。

巷に氾濫している情報は、ほとんどがこの「トレーディング（短期売買）」に関するものであり、一般的な株式投資＝短期売買というのが前提となってしまっています。

また、テレビや小説の中で紹介される〝優れた投資家〟のイメージも、「相場に打ち勝つ天才相場師」というものがほとんどです。

その結果、「投資は短期の内に利益を生み出すことが善であり、損を抱えた株を持つことは悪である」というイメージが定着してしまっているのです。

数多くの投資初心者が、そうしたイメージの中で取引を始め、損を出して、「株は二度とやらない！」と思い、市場から去っています。

中には、ビギナーズラックということで、いきなり大きな利益を出す方もいらっしゃいます。しかし、そうした「トレーディング（短期売買）」手法は長続きしないことが多く、結局は損を抱えてしまうのです。

日本には、この「トレーディング（短期売買）」とは対極にある運用方法である「インベストメント（長期投資）」に関する教育が、家庭でも学校でも全く行われておらず、こうした悲劇を生んでいます。

この本では、普通の市民が、将来の豊かな生活のために、「年金性資金」――すなわち、将来の年金受給のための掛け金・積立金――を運用する際に取るべき投資戦略として、「インベストメント（長期投資）」を推奨します。

それはなぜか？

答えは簡単です。

もう一方の極にある投資方法の「トレーディング（短期売買）」では、普通の市民が利益を上げ、『年金ギャップ』を埋める資産形成を成し遂げることはほぼ不可能だからです。

その理由を、順次ご説明していきましょう。

株価の動きは〝酔っ払いの千鳥足（ランダム・ウォーク）〟

「トレーディング（短期売買）」で資産形成を成し遂げるためには、株や債券のような金融商品について、短期間の値動きを予測することが必要となります。

つまり、A株の1ヶ月後の値段やB債券の1週間後の価格について、上がる、あるいは下がる、といったことを予測して、投資家は行動します。

こうした短期の価格予測は可能なのでしょうか？

例えば、10％以上損をした翌日はプラスの収益になりやすい、とか、プラスは2日間続きやすい、といった法則性はあるのでしょうか？

この問いに対して、過去、多くの経済学者が回答を求めて挑んできました。

その結果、利益を得ようとする人々が競争を繰り広げる結果、あらゆる情報が瞬時に行き渡り、価格形成に歪みが生じないような効率的な市場では、金融商品の価格は、短期的には、でたらめに動く、ということが理論上裏づけられています。

これを、「株価はランダム・ウォーク（不規則な歩み）する」とか、「ブラウン運動する」、ななど言います。

皆さんは、中学校の頃、顕微鏡で、水に浮かべた花粉を観察した経験がないでしょうか？水面上で花粉の粒子は、極めて細かいギザギザな跡を残しながら、全く予測不可能に動きます。この運動は、発見者の名をとって「ブラウン運動」と呼ばれています。

これは、株価だけでなく、水滴や分子の運動など、自然界に多く見られる現象です。

また、酔っ払いのおじさんが、あっちへふらふら、こっちへフラフラと予測不能の歩き方をするのもブラウン運動＝ランダム・ウォーク的動きです。（ちなみに、ブラウン運動の発見者のフル・ネームはお酒と同じ、〝ロバート・ブラウン〟という名前です。）

さて、昨年、2005年は「世界物理年」でした。

これは、1905年に、当時、弱冠26歳のアインシュタインが、「光量子仮説」、「ブラウン運動の理論」、「特殊相対性理論」というノーベル賞級の論文を立て続けに発表した、いわゆる「奇跡の年」から100年を記念して定められたものです。

この年、1905年にアインシュタインは、博士号を取得すべく「特殊相対性理論」に関連する論文を書き上げ大学に提出しましたが、受け入れられなかったため、急遽代わりに「分子の大きさの新しい決定法」という論文を提出しました。この論文が「ブラウン運動の理論」に発展したのです。

アインシュタインは、花粉が破裂して出る微粒子が水の上で不規則な動きをするブラウン運動を、「多数のモノがランダムに動いている世の中の森羅万象を表す1つのモデル」という捉え方をして研究をしていました。

この「ランダム」という言葉の意味は、株式市場や個別の株価の動きには、全く法則性——例えば、株価が下がった翌週は上がる確率が高い、株価上昇は2日続きやすい——がない、ということです。

つまり、株価が短期的には全く予測不可能に動くとすれば、デイトレーディングなどの短期売買で儲かるかどうかは、ルーレットやサイコロと同じく、全くの「運」、ギャンブルということになります。

「ギャンブル」は決して悪いことではありません。

しかし、それには、「自分が行っていることが〝ギャンブル〟であることを、認識している限りにおいて」という但し書きが必要です。

カジノや競馬などに興じる際には、多くの方は、「自分はギャンブルをやっている」という事実認識があり、投下金額を遊び金の範囲に抑制するなどのリスク管理ができるでしょう。

ところが、株式市場などの金融市場における「短期売買（トレーディング）」においては、自分の行動がギャンブルではなく、経済行為であり、科学的な思考に基づいて行っているものだ、という風に思い勝ちなのです。

冷静に考えれば、カジノのルーレットで次に出る目が、「赤か黒か」をそれまでの勝負の流れから判断するのと、明日の株価が「上がるか下がるか」を今日のマーケットの動きから予想するのには、本質的な違いはありません。

しかし、それが見えなくなってしまうのが、株式に代表される金融相場の魔力なのです。

「いやギャンブルなんていうことはない。現にオレは3回連続して株の短期売買で儲けた」

「私はデイトレで、1日に10勝3敗だった」

そうおっしゃる方もいらっしゃるでしょう。

こうした方たちの中には、株価はある周期に沿って変動しており、上げ相場・下げ相場はある程度予測できる、という主張をされる方もいらっしゃいます。

そこで、日経平均株価について、ある日の動きとその前日の値動きとの間に何らかの相関関係があるかどうかを調べてみましょう。

【図表22】は、横軸（X軸）を前日の変動率、縦軸（Y軸）を当日の変動率、とした散布図です。

「前日・値上がり」で「当日・値上がり」であれば、XもYもプラスですから、右上の象限にプロットされることになります。また、「前日・値上がり」で「当日・値下がり」なら、XがプラスでYがマイナス、すなわち、右下の象限に位置することになります。

値上がりは2日続きやすい――、あるいは、大きく値下がりした翌日は、値上がりしやすい――などと言った規則性があれば、グラフになんらかの特徴が出るはずです。

過去15年間の全ての値動きをプロットしたところ、ご覧のような図となりました。

一見して何の規則性もないように思えますが、正確を期すために、統計学で相互の関係を示す「相関係数」を計算すると、マイナス０・０３という結果になりました。

相関係数がほぼゼロということは、「連続する2日間の日経平均株価の動きには、ほぼ何の関係も無い」ということを意味しています。

「市場が暴落した翌日は株価が戻ると思って買いに出たら、相場がさらに下がって損をした」「その次の暴落では、なぜか翌日には株価が急上昇した」などということが起こるのは、ランダム・ウォークする株価の性質からすれば、当たり前のことなのです。

図表22 “ランダム・ウォーク”する株価の動き

連続する2日間の株価の関係を示した散布図
縦軸：当日の日経平均株価変動率
横軸：前日の日経平均株価変動率

（データ）　1991年1月～2005年9月末
（相関係数）　－0.03

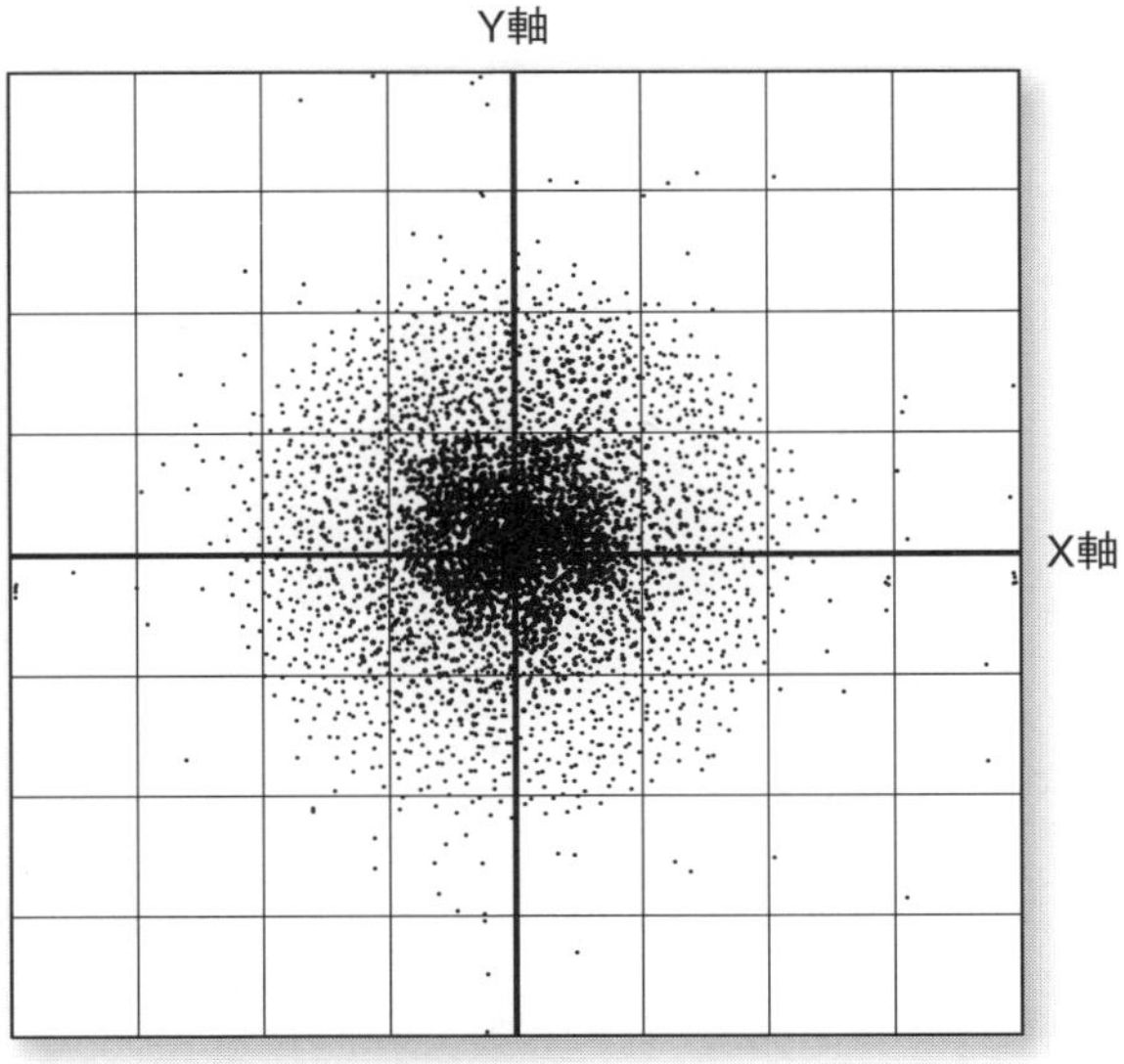

「ランダム・ウォーク理論」に対しては、このような周期性があるという主張、すなわち、ランダム性に対するチャレンジのほかに、さまざまな批判が寄せられています。

その中で最大のものは、「ランダム・ウォーク理論」の前提である「市場の効率性」について異を唱えるものです。

すなわち、「市場は、あらゆる情報が瞬時に行き渡るほど効率的ではなく、価格形成には歪みが生じているはず」という主張です。

確かに価格に歪みがあれば、それが修正されるまでの間に利益を確定することができる、つまり、「トレーディング（短期売買）」で儲けることができる、ということになります。

実際、さまざまな金融機関やファンドでは、「トレーディング（短期売買）」を業務として行っています。

また、ジョージ・ソロスなどで有名な「ヘッジファンド」と称される一群の私募の投資組合では、金融工学を駆使して理論価格と実際の価格の差、すなわち〝市場の歪み〟を見つけ、それをデリバティブを利用することで利益に変えるという投資行動を取り、現実に利益を上げています。

こうしたことから、「市場は完全に効率的ではない」ということもできるのです。

私は、前書『外資ファンド　利回り20％超のからくり』の中で、金融工学とコンピュータで武装した天才たちの集団である「ヘッジファンド」について取り上げました。

「ヘッジファンド」とは、相場が上げても下げても利益を出すことができるような運用——絶対利回り追求型運用——を行う私募ファンドです。

「ヘッジファンド」は、その「絶対利回り追求」という明快なコンセプトと、過去相場の大暴落時にも確実にプラスの利益を上げてきた実績から、近年、金融界において、その影響力を拡大してきています。

彼らが、相場に関係なくプラスのリターンを上げられる秘密はどこにあるのでしょうか？

それが、理論価格と実際の価格の差、すなわち〝市場の歪み〟をすばやく見つけることなのです。

つまり、「市場が効率的ではないこと」が、「ヘッジファンド」が儲かる源泉なのです。

——ということは、私たち普通の市民にも、この市場の歪みを利用して利益を上げることが可能なのではないか——そう思われるかもしれません。

しかし、ことはそう簡単ではありません。

【図表23】をご覧ください。

これは、ボストン・コンサルティングによる、「ヘッジファンド」のファンド・マネージャー（運用者）のパフォーマンス（運用成績）調査です。

ご覧のように、「ヘッジファンド」において、4年連続で運用成績上位に止まることができるのは、201名中わずか2名という厳しさです。

つまり、年収数億円を上げる天才たちが、コンピュータや金融工学を駆使して行う運用でも、市場の〝非効率性〟を突いて毎年好成績を上げ続けることは至難の業なのです。

こうしたプロの中に交じって、個人投資家が「トレーディング（短期売買）」でコンスタントに利益を上げることができるでしょうか？

しかも、『年金ギャップ』を埋めるための運用期間は20年とか30年とかの超長期にわたるのです。普通の市民が20年、あるいは30年、連続して勝ち続けることができるか？　答えは自ずと明らかでしょう。

このように、「ランダム・ウォーク理論」が厳密な意味で正しいかどうかは別として、現実問題として、私たち普通の市民が「トレーディング（短期売買）」的手法により、「勝ち」を続けて、長期に資産を増やしていくことは、極めて困難なのです。

図表23　勝ち続けることはプロでも困難

1998年に上位25％にあったヘッジファンドの
パフォーマンス推移

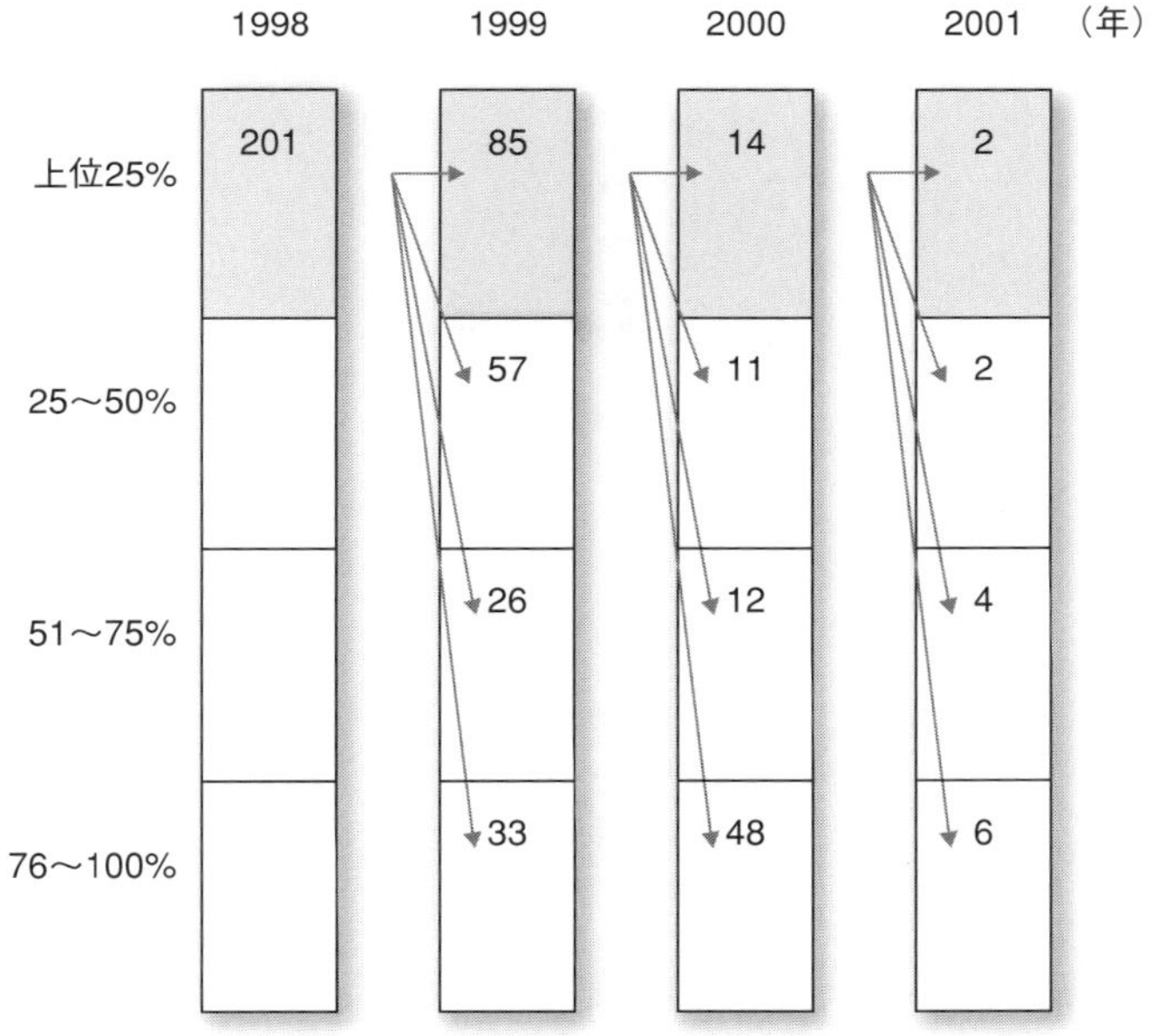

（出典）『金融業の収益「力」を鍛える』
（本島康史著・東洋経済新報社）より作成
※ボストンコンサルティンググループ分析
による

「トレーディング（短期売買）」の持つ〝魔力〟

それでも、「トレーディング（短期売買）」で資産を増やしたい、と考える方もいらっしゃると思います。

そうした方々に対しては、「トレーディング（短期売買）」は、「コスト」という名のハンディを負ってスタートするゲームですよ、そして「クオリティ・オブ・ライフ（生活の質）」を低下させますよ、と申し上げたいと思います。

まず、「コスト」について、見てみましょう。

株式の売買手数料は、インターネット経由でオンライン証券会社が一般的になったことにより、かなり安く抑えることができるようになりました。しかし、それでも売買に伴って一定の費用がかかります。

それよりも私たち普通の市民にとって重要なのは、「時間のコスト」です。

「トレーディング（短期売買）」を行う場合を想像してみましょう。

――まず、朝起きて会社に行くまでの間、あなたは新聞の経済欄をチェックし、株価欄を読みます。そして、その日の作戦を考えます。

仕事中は、会社のパソコンあるいは携帯電話から値動きをチェックします。時には、経済ニュースや株式掲示板の書き込みに反応して、昼休みや仕事中に売買の注文を出すこともあるでしょう。

帰宅後は、相場動向と銘柄の研究の時間です。さまざまなチャート（値動きの推移を時間の経過に区切ってグラフ化したもの）や指標を分析して、今後の作戦を考えます――。

このように、「トレーディング（短期売買）」では、人生のかなりの時間を、投資のリターンを高めるために費やすことになります。

ところが、「インベストメント（長期投資）」においては、こうした時間は他のこと――仕事や、家族との団欒、趣味など――に費やすことができるのです。

この2つの投資方法を比較すると、「トレーディング（短期売買）」手法は、人生にとって大切な「時間」というコストを持ち出していることになります。

「トレーディング（短期売買）」にはこうしたコストがかかります。

このことを十分に認識した上で、それを上回る収益を上げる――それも、短期ではなく、10年単位という長期にわたって――自信のある方以外は、この手法を採るべきではないのです。

さらに、「トレーディング（短期売買）」の魔力について申し上げましょう。

実は、「トレーディング（短期売買）」には、〝知的で科学的な薫りのするギャンブル〟という側面があり、それは人生を狂わすほどの力を持っています。

この魔力に取り付かれた方の中には、四六時中、株価のことが気になって普通の生活に身が入らないような方もいらっしゃいます。

確かに、「トレーディング（短期売買）」型の運用で成果を上げるためには、常にマーケットをウォッチ（監視）し、その変化に合わせて瞬時に判断を下す必要があります。

しかし、たとえそういう努力を続けたとしても、勝ち続ける確率は極めて低いのです。「短期的に勝ち、それを長期間続けること」は、理論的にほぼ不可能なことを追い求めることは、一方で、確実に、「クオリティ・オブ・ライフ（生活の質）」の低下をもたらします。

実際に、育児をほったらかしにしてパソコンに向かいデイトレーディングを行う主婦や、トイレ休憩と偽って職場から携帯電話で売り・買いの注文を頻繁に行うサラリーマンの姿がマスコミで伝えられています。

まさに、「クオリティ・オブ・ライフ（生活の質）」を犠牲にした運用が行われているのです。

こうしたことは、本当に正しい人生の送り方なのでしょうか？

「投資」は、人生を豊かにするためにスタートしたはずです。

それが、人生で最も大切な時間を無駄にして、「投資の為に人生を送る」ことになってしまう――、私たち普通の市民は、こうした事態に陥ることを避けなければなりません。

ハーバード・ビジネススクールのＭＢＡコースを最優秀で卒業し、ロックフェラー基金などを経て、現在イェール大学基金運用委員長を務めるチャールズ・エリスは、わが国でもベストセラーとなった名著『敗者のゲーム　なぜ資産運用に勝てないのか』（日本経済新聞社）の中で、このように語っています。

――市場のタイミングに賭けてみようというのは〝悪魔の囁き〟だ。決して耳を傾けてはいけない――。

私たち普通の市民は、こうした魔力を持つ「トレーディング（短期売買）」手法には、近づかない方が無難なのです。

「インベストメント（長期投資）」とは

それでは、私たち普通の市民が採るべき投資法――「インベストメント（長期投資）」法――とは、どのようなものなのでしょうか？

運用の世界では、「トレーディング（短期売買）」と「インベストメント（長期投資）」は、全くの別物として捉えられています。

そして、そのことは、日本より早く、普通の市民が運用により自分の生活を守らざるを得なくなったアメリカでは常識となっています。

さて、ここで、「トレーディング（短期売買）」と「インベストメント（長期投資）」の違いについて考えてみましょう。

「トレーディング（短期売買）」とは、先ほども見たように、細かく上下動を繰り返すマーケットの特徴に着目して、価格変動そのものから収益を上げる手法です。

一方で、「インベストメント（長期投資）」とは、長い年月をかけて上昇していくであろう企業価値や世界経済の成長からリターンを狙う投資です。

それでは、「短期」とか「長期」とかいう期間はどの程度を想定すればいいのでしょう？

先ほどの「インベストメント（長期投資）」の定義からすれば、企業価値が１ヶ月や半年で大きく変化することは稀であると考えれば、この程度の期間の運用は、おおむね「トレーディング（短期売買）」と考えても良いのかもしれません。

しかし、「短期」と「長期」の境目が、５年なのか10年なのかはどうすれば分かるでしょうか？

【図表24】をご覧ください。

これは、１９０１年から１９９０年までという超長期について、株式と債券の収益率がどのような範囲で変動したかを示したアメリカにおける分析結果です。なお、数字はインフレ率を調整した後のもので示してあります。

例えば、「15年平均」を例にとれば、１９０１年から１９１６年、１９０２年から１９１７年……１９７５年から１９９０年と、数多くの15年間を取り、その期間の株式と債券の値上がり（値下がり）率を調べ、それらを平均した数字をグラフにしています。

さて、図の「1年平均」のところをご覧ください。

株式の収益率は、任意の1年を取れば、38％のマイナス（損）から53％のプラス（得）のどこかにあったことが分かります。

しかし、価格のランダム・ウォーク性から、事前に来年1年間の値上がり（値下がり）率を予測することはできないわけです。

ところが、投資期間を「5年平均」「10年平均」……と延ばしていくと、この変動幅が狭まっていきます。

これは長期に投資することにより、株式や債券が本来持つ収益率に収斂していくのだと考えられます。

そして、90年の間の任意の「25年間」を選び、その期間の株式と債券の収益率を調べると、株式は最高が１１・５％で最低が２・７％、平均６・６％、債券が最高６・５％、最低マイナス１・８％、平均１・６％という、限定的な変動幅の範囲で収まることが分かります。

これらは、インフレ率調整後の数字ですから、アメリカにおいては、20世紀中のどの25年間を取っても——2度の世界大戦やベトナム戦争、ブラックマンデーや９・１１同時多発テロなど国家の危機を挟む期間であっても——、株式投資ならインフレ率を２・７％〜１１・５％上回る利回りが得られた、ということになります。

先ほど、「トレーディング（短期売買）」は結果が予想できないので、普通の市民は手を出すべきではない、というお話をしました。

図表24 株式も債券も長期投資するほどリターン（収益率）が安定

——米国株式と債券・投資期間別のリターン（インフレ調整後）

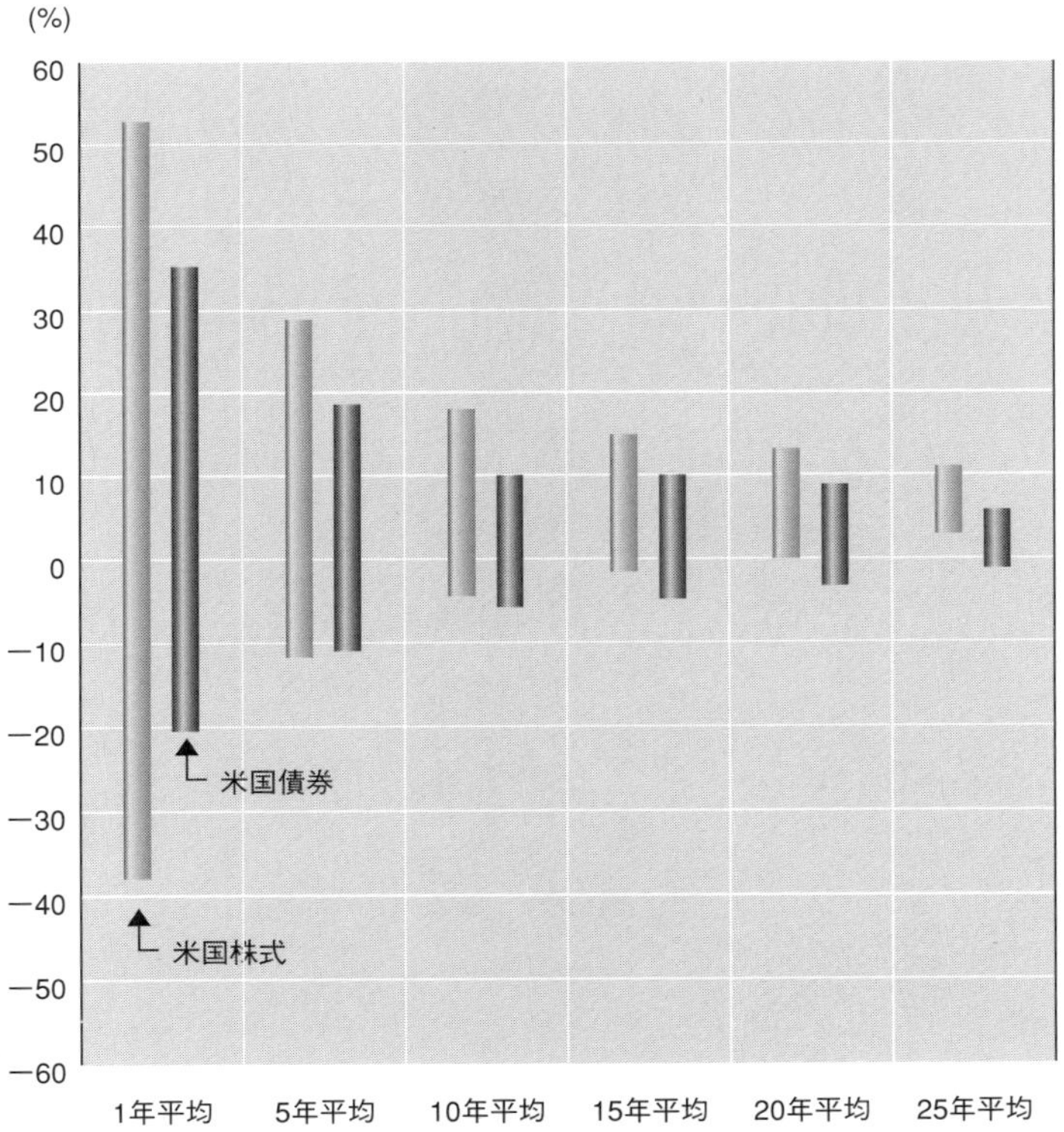

（出典）『敗者のゲーム』（チャールズ・エリス著・日本経済新聞社）より作成
※原典はケンブリッジ・アソシエーツによる

しかし、15年とか20年などという期間の「インベストメント（長期投資）」になると、株式や債券の動きを何とか予想し、捉えられるようになります。

つまり、運用期間を長く取ることによって、〝酔っ払い〟のランダム・ウォークから、〝子供の動き〟程度には、将来が予想できるレベルに動きが落ち着いてくるわけです。

日本においてはどうでしょうか？

残念ながら戦争などのため、アメリカほどの超長期の分析はできませんが、過去50年の間の株式投資について分析すると、【図表25】の通りとなります。

アメリカにおける分析同様、日本の市場においても、投資期間が長くなればなるほど、リターン（収益率）が安定してくることが分かります（数字は、インフレ率調整前）。

このように、「インベストメント（長期投資）」においては、株式や債券に長期間投資することによって、統計上のノイズともいうべき細かな（といっても年単位の）変動要因が取り除かれ、株式や債券が本来持つリターン、すなわち、「経済全体の成長率」を手にすることができるのです。

図表25 株式投資は長期投資するほどリターン（収益率）が安定
――国内株式（東証）・投資期間別のリターン（インフレ調整前）

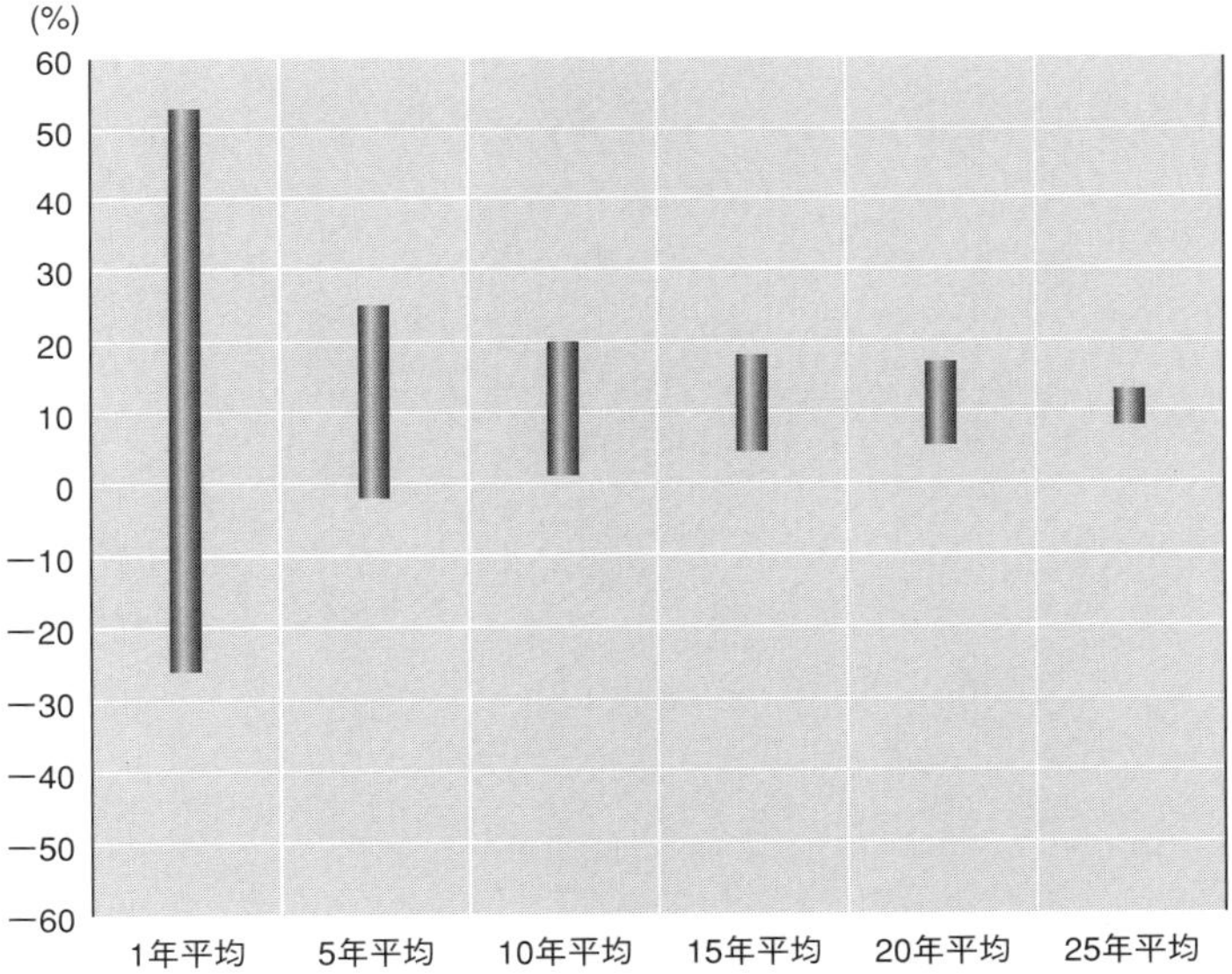

（出典：過去の日経平均株価から計算）

こうした観点から、資産運用においては、通常の「短期」「長期」という時間の概念とは異なり、15～20年以上の期間にわたる投資を「長期投資（インベストメント）」と呼ぶことが適当と考えられます。

私たち普通の市民が、『年金ギャップ』を埋めるための資産運用を考える期間は、20年とか30年といった長期です。

運用手法として、「トレーディング（短期売買）」ではなく、「インベストメント（長期投資）」を採用することはこの点でも自然なことなのです。

ここで、「トレーディング（短期売買）」と「インベストメント（長期投資）」について、別の観点から見てみることにしましょう。

「トレーディング（短期売買）」では、誰かが儲けると、誰かが損をしています。つまり、誰かが負けるから誰かが勝つわけです。

こうした状況を、〝ゼロ・サム・ゲーム〟と言います。つまり、プレーヤー（市場参加者）の損得を合計（サム）すると、ゼロになる、ということです。

こうした状況では、〝いかにして勝つか〟、が問題になります。

金融機関のトレーダーや生活を賭けて運用を行うデイ・トレーダーたちが、勝ち・負けを繰り返しながら、なんとか利益を確保しようとしているのです。

一方、「インベストメント（長期投資）」では、〝負けないこと〟が最優先されます。

企業成長や世界経済の長期拡大に「投資」するこの手法では、市場の流れに身を任せることで、極論すれば、〝何もしない〟ことで資産を増やすことができるのです。

＊

私たちは第3章で、〝国営・投資ファンド〟とも言える「年金資金運用基金」が、3年間で6兆円の損失を出し、続く2年半で11兆円の利益でこれを帳消しにした経緯を見てきました。

この際、「年金資金運用基金」の担当者は、かたくななまでに長期投資という運用ポリシーを貫き、個別銘柄の選定で一発あててやろう、といった短期の値上がりに賭けるような運用は行いませんでした。

この第4章の1節では、こうした「インベストメント（長期投資）」こそが、『年金ギャップ』を抱える私たちにとって、最も相応しい運用方法であることを、理論面と実践面から見てきました。

――「トレーディング（短期売買）」の魅力に惑わされずに、「インベストメント（長期投資）」を愚直に行うこと――。

これが、私たち普通の市民が実践すべき「〝負けない〟運用」の第1の智恵（リテラシー）なのです。

第2の智恵 運用をプロに任せると損をする？

――「アルファ戦略」と「ベータ戦略」

「リスク・フリー・レート」と「リスク・プレミアム」

この後は、「トレーディング（短期売買）」については忘れて、「インベストメント（長期投資）」についてお話ししていきます。

まず、「インベストメント（長期投資）」における「ボラティリティとリターン」の関係について、整理しておきましょう。

先ほど、92ページで、年金資金運用基金は過去の実績等から、「4資産」それぞれについての期待利回り（リターン）を以下のように推定していると説明しました。

①国内債券4・0％、②国内株式6・5％、③外国債券4・5％、④外国株式7・0％

また、94ページでは、同じ「4資産」について、「投資結果のブレ」すなわち「ボラティリティ」を以下のように見ていると述べました。

①国内債券5・45％、②国内株式21・62％、③外国債券14・67％、④外国株式20・3

図表26　「リターン（期待利回り）」と「ボラティリティ（投資結果のブレ）」の関係

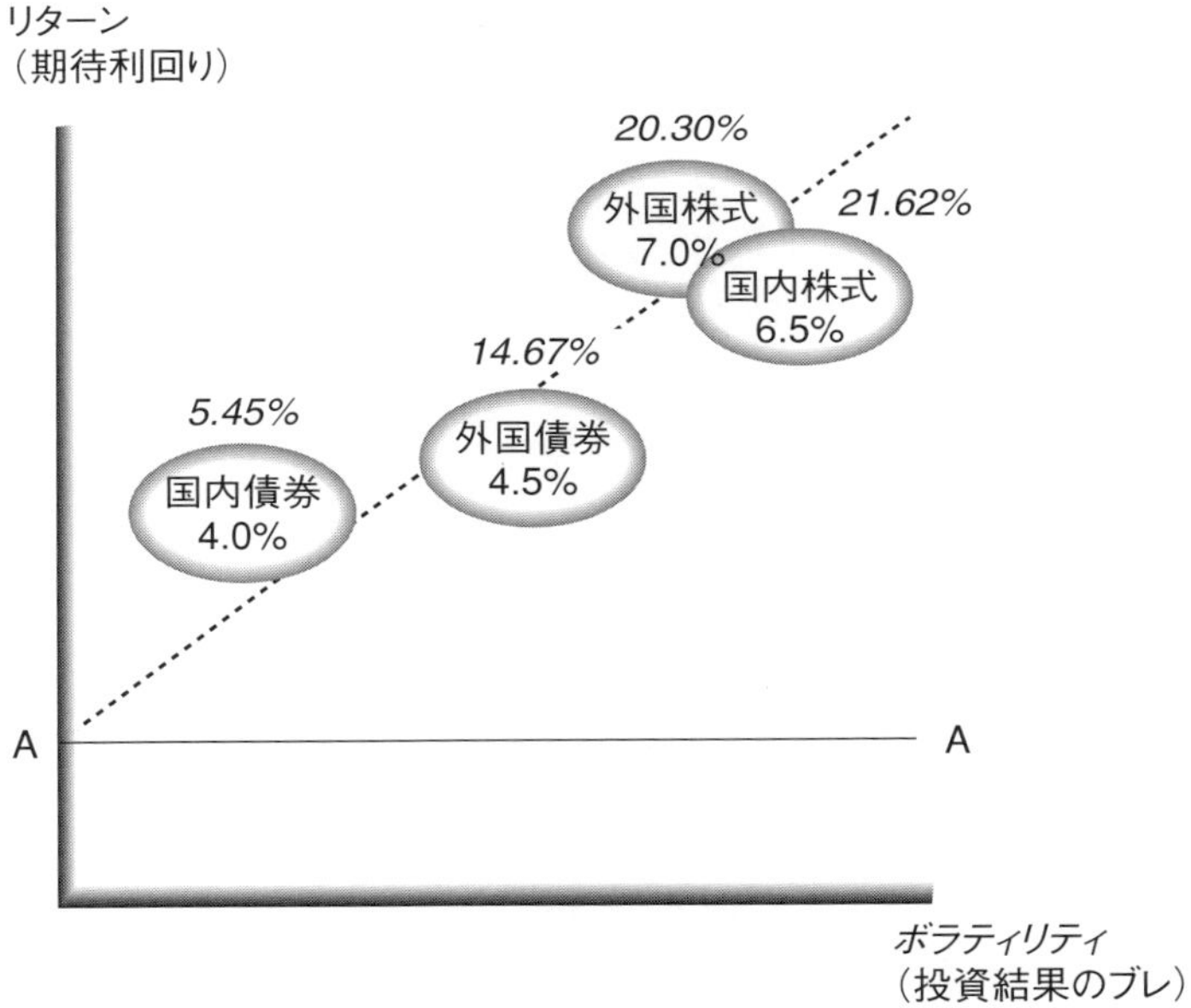

0%

この「リターン（期待利回り）」と「ボラティリティ（投資結果のブレ）」との関係をグラフにすると、【図表26】のようになります。

この図は、皆さんもおなじみの「リスクとリターン」の図です。

すなわち、「リスクが高いほど、リターンも大きい」と言われる時に、良く引き合いに出される図です。

現代の金融理論では、「リスク」という言葉を一般とは異なる意味で用います。

すでに、何度も出てきているように、「投資結果のブレ（＝ボラティリティ）」のことを指すのです。

さて、【図表26】のAの部分は、何でしょうか?

ここは、「ボラティリティ」がゼロの時のリターン、すなわち、絶対にブレない「期待利回り」を意味しています。

絶対にブレない、すなわち確実に得られる利回りとは、何のことでしょうか?

現在の投資理論では、この部分を、「安全資産利子率（リスク・フリー・レート）」と言います。

つまり、どんな事態に立ち至っても確実に得られるリターンのことで、通常は、国債の利回りのことを指します。

「国債」という金融商品は、国が利息（クーポンと言います）や元本の払い戻し（償還）を責任を持って行ってくれることから、「安全」と考えられています。

こうお話しすると、「国なんか信じられない」とおっしゃる方もいらっしゃるでしょう。

しかし、国は、日銀券（＝お札）を印刷することができます。

つまり、お札を刷ることで国債の元本と利息を支払うことができるのです（インフレという副作用は出てきますが）。

このことから、さまざまな商品へ投資した際のリターン（投資利回り）は、

（Ａ）誰でも確実に得ることができるリスク・フリー・レート部分と、

（Ｂ）株式や債券など一定のリスクの見合いとして得られる上乗せ分（＝リスク・プレミアム）

とに分けて考えることができます。

これを式で表すと、以下の通りです。

投資利回り＝（Ａ）国債の利回り＋（Ｂ）投資のリスクに見合う利回り上乗せ分
＝（Ａ）安全資産利子率（リスク・フリー・レート）
＋（Ｂ）リスク・プレミアム

ノーベル賞学者の数式

実は、前ページの式は、現在のファイナンス理論と金融工学の中心をなすコア理論であるCAPM（〃キャップ・エム〃と読みます。「資本資産価格決定モデル」という意味です）のエッセンスを表した式なのです。

このCAPMの創始者のウイリアム・シャープ博士は、1990年にノーベル経済学賞を受賞しています。

この式は、どんな資産――株や債券などの金融資産や不動産などの実物資産――でも、情報が瞬時に完全に伝達される効率的な市場では、ボラティリティに比例してリターンは決まる、ということを示しています。

「大きなリターンをもたらすものは、千鳥足でフラつくのは仕方ない」
「将来の大きな果実のためには、一時的な損は仕方ない」

ということがこの式で分かります。

「〃負けない〃運用」を実践するためには、この式の意味合いをしっかり理解する必要があります。これによって、一時的な相場の下落や損失にも慌てないことができる訳です。

さて、この数式はさらに進化していきます。

個別の証券（債券や株式）を考えた場合、その値動きはさまざまです。

市場全体の動き通りに値上がりや値下がりする銘柄もあれば、かなり特異な動きをするものもあります。

こうした個々のリスク性商品の値動きを説明するため、Ｍ・ジェンセンは、ＣＡＰＭが想定する期待収益率と、実際の商品の価格との乖離を測る尺度として「アルファ（α）」という概念を持ち込みました。

アルファ（α）とは、資産運用の世界においては、「超過収益率」を表す言葉です。

〝超過〟収益率とは、市場（マーケット）全体の平均的収益率を上回る（あるいは、アルファ（α）がマイナスであれば下回る）リターンのことです。

株式について、これまで見てきたことを言い換えると次のようになります。

株式の収益率は、

（Ａ）リスク・フリー・レートと、（Ｂ）株式のリスク・プレミアムに分解され、

（Ｂ）はさらに、市場（マーケット）全体に連動する部分（ベータ（β））と、その銘柄独自の部分（アルファ（α））に分けられる、ということになります。

これらのことを1つの式にまとめると、以下のようになります。

Y（株式の収益率）
　＝安全資産利子率（リスク・フリー・レート）
　＋アルファ（α）（銘柄独自の収益率）
　＋ベータ（β）（市場感応度）×X（市場全体の収益率）

グラフで示せば、【図表27】のようになるわけです。

なお、右の式から分かるように、ベータ（β）は、単独では、市場に対する個別株式の感応度を表すもので、例えば1・1倍とか0・9倍とかの値を取ります。

本書におけるこの後の説明では、アルファ（α）を個別銘柄に関するリターン、ベータ（β）を市場全体のリターン――すなわち、「ベータ（β）項」――を示す言葉として用いることにします。

図表27 「アルファ（α）」と「ベータ（β）」の関係

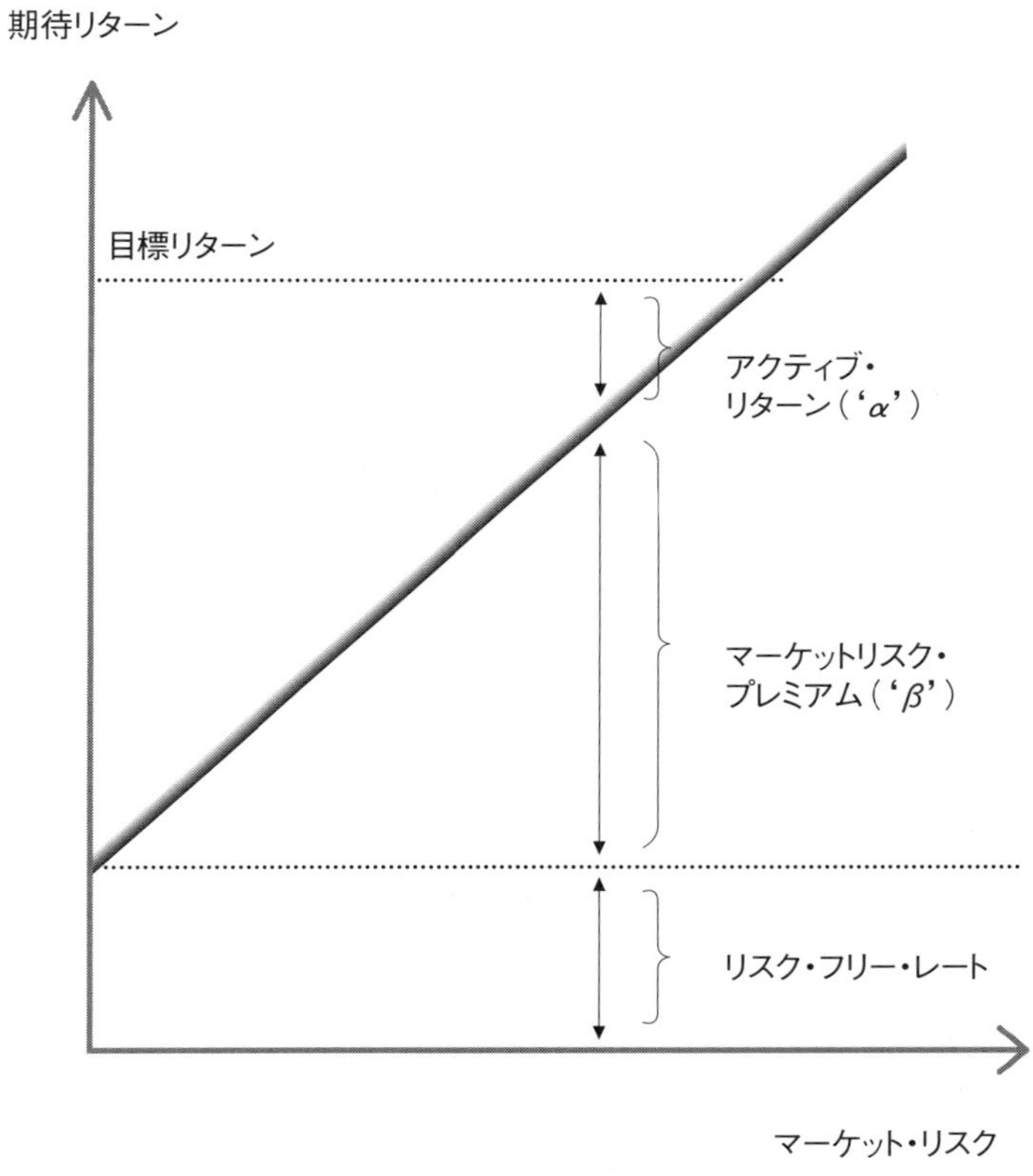

「アルファ（α）戦略」と「ベータ（β）戦略」

さて、一般に個人でも年金基金などの機関投資家でも、なるべく高い運用利回りを求めます。その結果、市場の平均利回りを上回るパフォーマンス（運用成績）を目指した、積極的な運用を行おうとします。

これが、「アクティブ（積極的）運用」あるいは「アルファ（α）戦略」と呼ばれる投資スタイルです。

具体的に言えば、市場の平均利回りを表す〝ベンチマーク〟と呼ばれる指標を上回ることを目指します。

私たちの年金を運用している〝国営・投資ファンド〟である「年金資金運用基金」では、以下の4つをベンチマークとして定めています。

①国内債券　　　　　　ＮＯＭＵＲＡ－ＢＰＩ総合
②国内株式　　　　　　ＴＯＰＩＸ（東証株価指数）（配当込み）
③外国債券（円ベース）シティグループ世界国債インデックス（除く日本）
④外国株式（円ベース）ＭＳＣＩ－ＫＯＫＵＳＡＩ（配当込み）

図表28　「アクティブ運用」の手法
――トップ・ダウン・アプローチとボトム・アップ・アプローチ

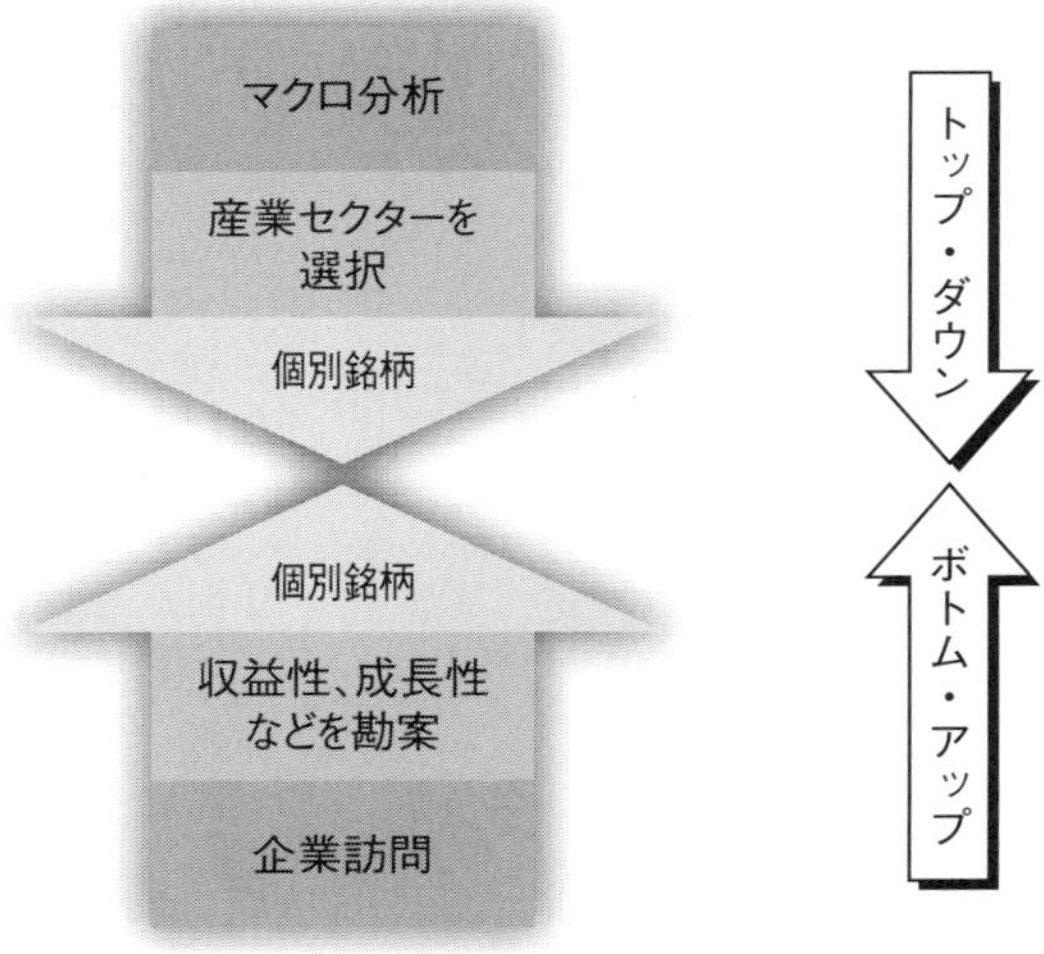

ＴＯＰＩＸ（東証株価指数）以外は耳に馴染みがない方も多いでしょうが、これらの指標はそれぞれの運用対象の平均的なリターンを示す基準値のようなものです。「アクティブ運用」では、このベンチマークに勝ったか負けたかがポイントになります。

さて、「アクティブ運用」には、さまざまな手法がありますが、株式に関する代表的なアプローチとして、トップ・ダウン・アプローチとボトム・アップ・アプローチについて、ご説明します。【図表28】

「トップ・ダウン・アプローチ」では、経済成長率・インフレ・金利・為替などマクロ経済環境の分析をまず行います。その上で、どの産業セクター（電機・IT・金融など）が好調であるかを予測します。さらに、選択した好調な産業の中から投資対象として魅力的な企業を個別に選び出すのです。

もう一つの「ボトム・アップ・アプローチ」は、これとは対照的な手法を取ります。個別企業調査をし、実際に訪問することで、投資対象となる魅力的な銘柄を発掘するのです。アナリストの分析力が大きなウエイトを占める運用方法です。

これらの手法により、ベータ（β・市場平均）を上回るアルファ（α）を持つ（と期待される）企業を選び出し、それに投資することでマーケット平均に勝とうとするのです。

145ページの【図表27】をもう一度、ご覧ください。

この図のアルファ（α）の部分が大きい銘柄を見つけることで、ベータ（β）を上回ろうとするわけです。

こうしたことから、この運用戦略は、「アルファ（α）戦略」とも呼ばれます。

一方で、「パッシブ（消極的）運用」あるいは、「ベータ（β）戦略」と呼ばれる投資スタイルがあります。

この運用手法においては、TOPIX（東証株価指数）などのインデックス（指標）に追随することを目指します。

このことから、パッシブ運用は「インデックス運用」とも呼ばれます。

「あの会社は将来性が見込めるから買い増そう」などといった個別銘柄の選好を持ち込まずに、市場の流れに身を任せ、市場平均並みのパフォーマンス（運用成績）を目指します。

つまり、アルファ（α）を追求せずに、ベータ（β）（市場平均）に賭ける投資手法です。

さて、この「アクティブ運用」と「パッシブ運用」を巡っては、さまざまな議論が行われてきました。

最も有名な議論は、「アクティブ運用」は市場に勝てるのか？という論点です。

現実に、「日本ではアクティブ運用を行っている株式投信の大半は、インデックス（TOPIX）を下回るリターンしか上げていない」、という事実があります。

また、アメリカでも、約8割の株式投信がS&P500インデックス（米国の主要500銘柄の平均利回りを表す指標）を下回るパフォーマンス（運用成績）であるとの報告もあります。

チャールズ・エリスはその著書『敗者のゲーム』の中で、次のような趣旨のことを述べています。

——平均的投資家は、インデックス（市場の平均）には勝てない。

なぜなら、全ての投資家の売買を合計すると、インデックスそのものになるからだ。

そこから、売買手数料が引かれ、利益には税金がかかる。

従って、全ての投資家の平均は、インデックスよりも悪くならざるを得ないのである——


これが事実だとすれば、事は重大です。

なぜなら、「運用をプロに任せると（市場平均に比べ）損をする」ということが事実なら、先進国に数多くある「アクティブ運用」を行う投資信託会社や投資顧問会社・信託銀行などは無用の長物、ということになりかねないからです。


こうして、プロの運用者や学者の間で、この「アクティブ運用に意味があるかどうか」という論点についての議論が、延々と行われてきましたが、その結論は出ていません。

つまり、ファンド・マネージャー（運用者）が分析に基づき選択した銘柄による運用に、アルファ（α）——市場を超過する収益力——があるかどうかは、個人の認識や信念にも関係してくる論点であり、プロの運用者の間でも意見が分かれるところなのです。

筆者個人の見解としては、おそらく真実は中間にあり、

「マーケットの平均を上回るようなリターンを継続的に上げ続けることは難しいが、チャンスはある」

ということなのだと考えています。

このことは、比較的長期にわたってインデックスを上回る実績を持つアクティブファンドも、わずかながら存在する事実からも裏付けできる、と考えています。

また一方で、「パッシブ運用」も万能ではありません。

「パッシブ運用」を行うインデックス・ファンド自体にも、購入手数料や運用報酬等がかかるため、市場平均よりはパフォーマンス（運用成績）が悪くなる傾向があるのです。

いずれにしても、私たち普通の市民が、投資商品を選択する場合には、その運用手法が「アクティブ運用」なのか「パッシブ運用」なのかを最低限確認しなければなりません。

実は、第3章で見た私たちの年金資金を運用している「年金資金運用基金」も、その資金の約8割を「パッシブ運用＝ベータ（β）戦略」で運用しているのです。

こうしたことから、これから資産運用を始められようとする方は、まず、「パッシブ運用」を中心にされることが、「〝負けない〟運用」の観点からは、重要だと考えます。

〝お得な〟運用商品の見分け方

しかし、それではつまらない、という気持ちの方もいらっしゃると思います。

また、個別銘柄をきちんと選択すれば「アクティブ運用」にも勝機あり、というお考えの方もいらっしゃるでしょう。

こうした、「パッシブ運用＝ベータ（β）戦略」では満足されない方のために、後ほど、国内株式について、〝自前「株式ファンド」の作り方〟をご説明しますが、そこまで行かない大多数の方は、株式を組み入れた投資信託を購入されることになると思います。

つまり、運用に対する知識・経験（リテラシー）や市場の効率性についての考え方次第で、

①パッシブ運用の投資信託

②アクティブ運用の投資信託

③自前での「株式ファンド」構築

の３つの選択肢がある、ということです。

ここでは、②を選択された場合、世の中に数多くある「アクティブ運用の株式投信」の中からどれを選べばよいかを考える基準について、お話しします。

実は、この基準は、株式だけでなく、あらゆる運用商品の比較に利用することができる優れモノです。

この基準は、現在のファイナンス理論の中心理論であるＣＡＰＭ（キャップ・エム）の創始者であるウイリアム・シャープ博士が開発したもので、〝シャープ・レシオ（シャープの測度）〟と呼ばれています。

式で表すと次のようになります。

〝シャープ・レシオ〟
＝「リスク・プレミアム（投資のリスクに見合う利回り上乗せ分）」
÷「ボラティリティ（儲けのブレ）」

１４１ページの式と併せて考えてみると、予想される「リターン（儲けの期待値）」から、その期間の国債の利回りを引いたリスク・プレミアム（投資のリスクに見合う利回り上乗せ分）を、ボラティリティ（儲けのブレ）で割ったものが、〝シャープ・レシオ〟ということになります。

つまり、シャープ・レシオが高い数字を示すということは、儲けが大きい割りに結果があまりブレない商品ということになります。〝お得な〟投資先を探すのにはピッタリの尺度です。

このシャープ・レシオは「ヘッジファンド」などの評価などにも用いられており、シャープ・レシオが〝1〟以下の商品は好ましくなく、〝2〟を超えていれば優良なパフォーマンス（運用成績）と言えると考えられています。

私たち普通の市民に対しては、今後、銀行や郵便局そして証券会社などから、さまざまな運用商品が提供されてきます。こうした際に、この「シャープ・レシオ」を思い出してみてください。そして、セールス・マン（レディ）に「この商品のシャープ・レシオはどのくらいなの？」と聞いてみてください。

それに答えられないような金融機関からは、「アクティブ運用＝アルファ（α）戦略」の投資商品を買うべきではありません。

＊

この第2節では、現在のファイナンス理論の中心理論であるＣＡＰＭ（〝キャップ・エム〟）について、見てきました。
あらゆる資産――株や債券などの金融資産や不動産などの実物資産――は、ボラティリティ

（価格の変動幅）に比例してリターン（期待収益率）が決まる、というのがそのエッセンスです。

この理論は、「将来、大きなリターンをもたらす投資対象ほど、一時的には大きな損失になることもある」ということを教えてくれます。

株式などから高いリターンを期待する投資家にとっては、心してかかる必要があります。

また、このボラティリティ（価格の変動幅）とリターン（期待収益率）を比較することで、お得な投資機会を見分ける方法（シャープ・レシオ）があることも学びました。

さらに、あらゆる資産の価格には、市場全体の動きに連動するベータ（β）部分と、その銘柄特有の動きをするアルファ（α）部分とに分けることができることを見てきました。

アルファ（α）が安定的に存在するのか、それで市場平均を上回ることができるのか、という論点については、否定的な意見も多いということも知りました。

私たち普通の市民は、個別銘柄の上げ下げに目を奪われて市場全体の動き（＝ベータ（β））に遅れる愚を避けなければなりません。

まずは、市場全体＝ベータ（β）への追随を最優先して考える――これが、「〝負けない〟運用」の第2の智恵（リテラシー）です。

第3の智恵 普通の市民が持つ最強の武器――「複利効果」と「時間分散」

「時間」と仲良くすれば、プロに勝てる

第2節では、市場全体の動き（＝ベータ（β））に追随することが、「〝負けない〟運用」のポイントだということをお話ししました。

しかし、私たち普通の市民が、プロがひしめく市場で平均的なリターンを上げ続けることができるのでしょうか？

また、そうした平均的なリターンで、2000万円とか3000万円という『年金ギャップ』を埋めるだけの運用結果を出すことができるのでしょうか？

この第3節では、これらのことについて、「時間」をキーワードとして、考えてみたいと思います。

＊

さて、ここで、資産運用の世界のプロである金融機関やファンドにとっての「時間」とは何

か、について考えてみましょう。

分析の対象とするのは、金融機関などに勤めるプロたちの中でも、「トレーディング（短期売買）」を行うトレーダーと呼ばれる人たちではなく、「インベストメント（長期投資）」を行っているファンド・マネージャーと呼ばれる人たちです。

彼らの多くは、第2節で見た、アルファ（α）の追求に必死です。それは、「市場＝ベータ（β）にどのくらい勝ったか」で、成績が評価され、ボーナスが決まるからです。

ここで、第3章で取り上げた私たちの年金を運用している国の機関である「年金資金運用基金」のＨＰ（ホームページ）から、スポンサー（資金の出し手をこう呼びます）とファンド・マネージャーとの関係を見てみましょう。

「年金資金運用基金」では、4資産ごとにファンドの運用を委託する先を決めています。投資顧問会社や信託銀行などです。

つまり、この例では、スポンサーは「年金資金運用基金」、ファンド・マネージャーはこれらの委託先金融機関（アセット・マネージメント会社）ということになります。

毎年、「年金資金運用基金」が公表している資金運用業務概況書を見ると、スポンサーである

「年金資金運用基金」は、国内外のアセット・マネージメント（資産運用）会社をその年の成績などによって、入れ替えていることが分かります。

このように、「インベストメント（長期投資）」を生業としているはずの投資顧問会社や信託銀行においても、ファンド・マネージャー（運用者）は1年ごとのパフォーマンス（運用成績）で評価されます。

ある年の運用成績が悪ければ、翌年からは、資金の運用を任せてもらえなくなる――すなわち、クビになります。

つまり、プロの運用者は、〝1年刻みの時計〟を持っているのです。

〝1年刻みの時計〟に怯えているのは、ファンド・マネージャー（運用者）だけではありません。

実は、資金の出し手であるスポンサーもそうなのです。

「年金資金運用基金」は6兆円の損失に耐え、当初の運用方針を貫きましたが、企業年金基金の中には、従業員組合や人事部、そして会社の経営者からの叱責に耐え切れず、相場の低迷時に運用方針を転換してしまった例もあります。

その後、相場が好転しても、この基金はメリットが得られないことになります。

お気の毒な話ですが、運用の世界においては、他人の失敗は自分の利益です。その意味で、〝1年刻みの時計〟で縛られる機関投資家の非合理な行動とそれに伴うパフォーマンス（運用成績）の悪化は、私たち個人投資家にとってはメリットなのです。

私たち普通の市民の場合、1年ごとの決算もなければ、怖い上司や利害関係人はいません。相場が下がろうが上がろうが、「想定の範囲内」と高みの見物ができる立場にあります。つまり、私たち個人が持っているのは、〝10年刻みの時計〟なのです。

第1節で私たちは、株式でも債券でも、運用対象に長期間に投資すれば、資産価格の変動が抑えられ、その資産本来が持つ収益率に徐々に収斂していくことを見てきました。プロの機関投資家たちが、往々にして、長期運用の方針（ポリシー）から外れた運用をすることがある中、私たちが当初の方針を貫けば、その分だけプロに勝つことができます。

このように、「時間」の進み方が違うという点は、私たち普通の市民にとって、大いなる味方、最強の武器になるのです。

アインシュタインも驚いた複利の威力

さて、私たちが『年金ギャップ』に立ち向かうためには、どの程度の利回りで運用すればいいのでしょうか?

57ページで見た通り、年金と老後生活費との差額、すなわち『年金ギャップ』の額は、現在45歳の世代では2000万円、35歳の世代では2500万円が平均値です。

この金額を60歳までに貯める必要があります。

つまり、あなたが45歳だとすれば今から始めて15年間で2000万円、35歳のあなたは25年間で2500万円を蓄えることが目標になるわけです。

そんな大金を貯めることができるのでしょうか?

ここで、大変強い味方が登場します。

「複利効果」です。

かのアインシュタインは、「数学における最も偉大な発見の一つは、複利の発見である」と言っています。また、ロスチャイルドは、世界の七不思議とは?と訊かれた時、「それは分からないが、8番目の不思議が複利である、というのは確かだ」と答えたそうです。

確かに、複利の力はパワフルです。

図表29　複利効果は長期になるほど顕著

あなたの年齢	45歳	35歳
目標額	2,000万円	2,500万円
運用期間	15年	25年
必要年間積立額		
複利効果を考慮しない場合	133万円	100万円
複利効果を考慮する場合		
投資利回り4.50%の場合	93万円	54万円
投資利回り6.00%の場合	82万円	43万円

45歳のあなたが15年間で2000万円、35歳のあなたが25年間で2500万円を蓄えるためには、単純計算で、それぞれ年間133万円（2000万円÷15年）、100万円（2500万円÷25年）を積み立てる必要があります。

ところが、これを複利で運用すると、ずっと少ない金額で目標に届くのです。【図表29】

例えば、「年金資金運用基金」と同じ投資利回りである4・5%での運用を仮定すると、45歳のあなたは年間93万円、35歳のあなたは54万円の積立金で目標金額に到達する計算になります。

つまり、45歳の方には年間40万円（133万円－93万円）、35歳の方には46万円（100万円－54万円）が、複利運用のメリットとしてプレゼントされるわけです。

この「複利効果」は、運用期間が長ければ長いほど、顕著に現れます。

１６１ページの例でも、45歳の方に比べ35歳の方のほうが、より大きな「複利効果」の恩恵を受けられます。すなわち、単純計算での必要積立額１００万円の約半分のキャッシュを用意すれば、残りは「複利効果」が自然に増やしてくれることが分かります。

また、あなたが30歳だとして、35歳の方と同じように、年間54万円の積立を30年間続けたとすると、60歳時の資産額は３４３０万円となります。（投資利回り４・５％の場合）

つまり、わずか5年だけ早く積立を開始することにより、１０００万円近い金額が余計に積みあがることになるのです。

先ほど、57ページで、『年金ギャップ』は、年齢の若い人ほど大きいことを説明しました。

何もしなければ、30代前半や20代には厳しい将来が待っているということは事実ですが、一方で、老後まで時間のある若い人ほど、この「複利効果」を活かすチャンスに恵まれている、ということもまた、真実なのです。

さらに、長期投資において、私たち普通の市民の方が、プロの機関投資家よりも有利な点があります。

それは、年金用の積み立て資金を全額投資に回せる、という点です。

「投資用の資金なのだから、フル・インベストメント（全額投資）できて当たり前では？」と思われるかもしれませんが、実は、年金基金などでは、これができないのです。

すなわち、企業年金であろうが、厚生年金であろうが、スポンサー・サイドには、退職者や年金受給者が毎年新たに発生します。スポンサーから資金を預かる信託銀行などのアセット・マネージメント会社は、掛け金の運用を行う一方で、予想退職者に備えて現金の比率を調整するなどの複雑なオペレーションをしているのです。

こうした行動には、各種の手数料などの経費が発生しますし、フル・インベストメント（全額投資）に比べ、当然にリターンは低下します。

一方、私たち普通の市民の場合は、自分自身の人生設計に合わせて、いわばオーダー・メイド型の運用ができるわけですから、年金積立金のすべてを運用に回せます。

また、支払いは遠い将来に発生するだけですから、よほどのことがない限り、資産の現金化などのコストはかからないことになります。

こうして、私たちは、「時間」を味方に付けることにより、４資産それぞれが持つ本来の投資利回りを、「複利」という形で最大限に引き出すことができるのです。

継続は力なり――ドル・コスト平均法

もうひとつ、「時間」を味方に付ける運用方法があります。

それが、「ドル・コスト平均法（定時定額投資）」です。

これは、投資タイミングを分散することで「時間」による分散効果を狙うものです。


私たち普通の市民は、サラリーなど定額の収入から、将来の年金原資を積み立てていくことになります。この「定額のサラリー」が運用にとってプラスに働きます。

すなわち、収入がほぼ定額であるとすれば、その中から定額を運用に回すことは自然な行動です。つまり、私たちは、予め決めておいたアセット・アロケーションの比率に従って、債券や株式投信などに「定額」を投資していくことになります。

こうすることにより、思わぬ効果が生まれます。

すなわち、単価が高いときには少ししか購入できず、価格が安いときには多く買えるので、平均購入価格を安く抑えることができるのです。


日経平均株価を例にご説明しましょう。

図表30　ドルコスト平均法の例
――日経平均株価：15000円の意味

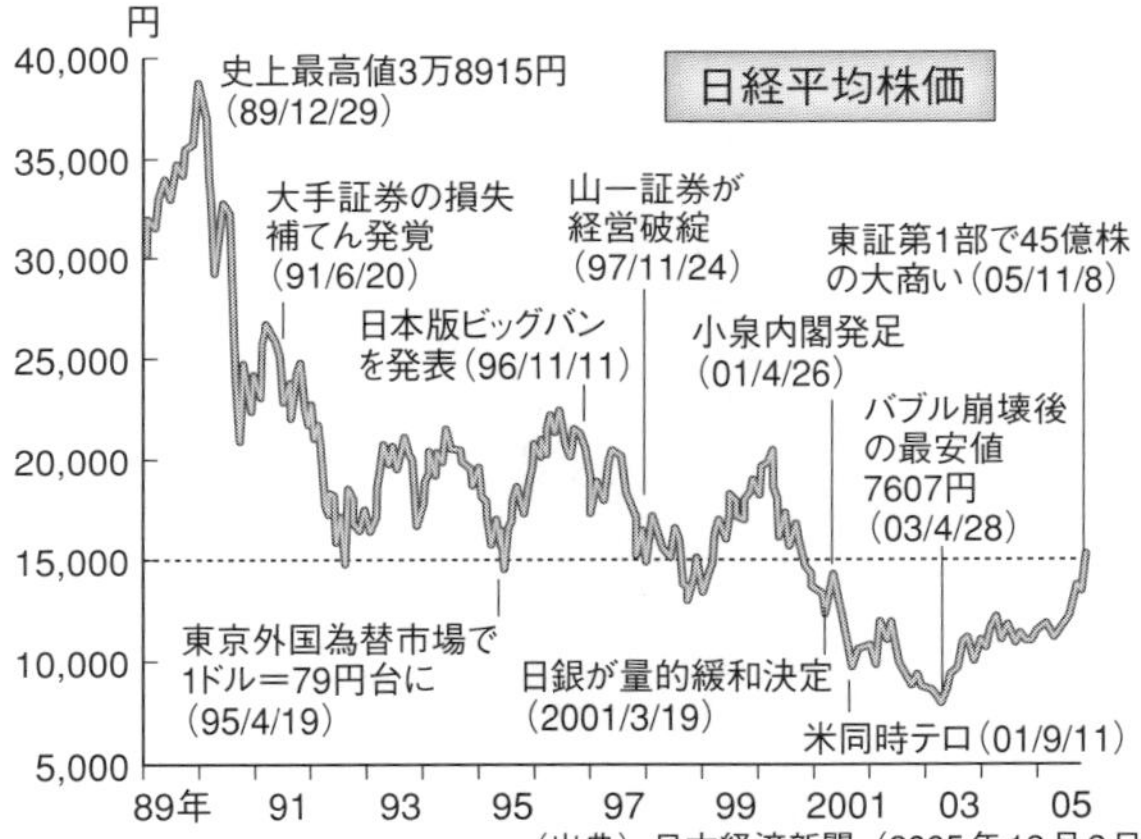

（出典）日本経済新聞（2005年12月２日付）より

２００５年の12月１日、東京証券取引所の日経平均株価が、５年ぶりに１万５０００円台を回復したとして話題になりました。以下の計算は、翌日の12月２日の日本経済新聞１面に掲載された記事を参考にしています。

さて、日経平均はバブル期のピークである１９８９年12月29日の３万８９１５円から下がり続け、２００３年４月28日には７６０７円の最安値を付けました。

これが、16年かかって、１万５０００円まで戻ったわけです。この期間、国内株式に投資して利益をあげることは可能だったでしょうか？

【図表30】を見る限りでは、全体として右肩下がりであり、株式に投資をして儲けることはかなり困難であった、というように思えます。

つまり、２００５年12月の時点でも日経平均はピーク時から比べれば半分以下であり、とても〝失われた15年〟が終わった、とは言いがたいように思えます。

ここで、仮に、ピークの１９８９年12月から２００５年の11月までの１９２ヶ月間、毎月１万円分だけ、日経平均を休まず買い続けたとしたらどうでしょうか？

「日経平均」という銘柄があるわけではないので、実際には、これに連動するインデックス・ファンドと呼ばれる投資信託かＥＴＦ（上場投信）を購入することになります。

ピークの１９８９年12月には１万円÷３万８９１５円＝０・２６単位、最安値の２００３年４月28日には１万円÷７６０７円＝１・３１単位の「日経平均」が購入できたことになります。

こうして、１９２ヶ月（16年間）では、合計１９２万円を投資し、１２５単位を買ったことになります。平均購入単価は約１万５３６０円です。

つまり、今後、日経平均が１万５３００円以上になれば、いつでも利益が出ることになり、この意味で〝失われた15年〟は取り返せたことになるわけです。

この例から、――何も考えずに単純に１万円ずつ購入する――というこの「ドル・コスト平均法（定時定額投資）」が、右肩下がりの時でも利益を得ることができる優れた手法であることがお分かりいただけると思います。

まさに、「継続は力なり」なのです。

＊

この第3節では、個人にとって「時間」を味方に付けることの重要性について見てきました。「時間」は、あらゆる資産が本来持つリターンを表現するために必要なものであり、それらのリターンは投資期間が長ければ長いほど、はっきりと私たちの前に姿を現してきます。

私たち普通の市民は、20年とか30年とかいう超長期の時間軸の中にいます。

この利点を活かすことで、〝1年刻みの時計〟に怯えているプロのファンド・マネージャー並みの運用成績を上げることが可能となるのです。

また、毎月のサラリーから定時定額に投資できるのも私たち普通の市民の強みです。

これにより、時間的分散を図り、資産を安い価格で手に入れることができるのです。

こうして安く手に入れた資産を私たちは、複利の力を活かして増やしていきます。

この複利の力を、最大限に引き出すのも「時間」なのです。すなわち、運用期間が長ければ長いほど、私たちは複利のおまけを手にすることができるのです。

「時間」を上手に味方に付け、これを最大限に活かすこと――これが、私たち普通の市民にとって、「〝負けない〟運用」の第3の智恵（リテラシー）です。

第4の智恵 「お金持ち」がますますお金持ちになる秘密──「ポートフォリオ理論」

ユダヤ民族4000年の智恵

私たち普通の市民が追求すべき「〝負けない〟運用」においては、「時間」と並んでもう一つ極めて重要な〝鍵〟があります。

それは、「ポートフォリオ戦略」です。

資産を安定的に増やすためには、相互に関係の薄い資産を分散して持つ、「ポートフォリオ」戦略が有効です。

この事について、人類は、かなり昔から気づいていました。このことは、財産の「分散投資」に関する格言が世界各地に多く残されていることからも分かります。

例えば、ユダヤ民族です。

彼らは今日に至るまで、経済や投資・運用の業界では隠然とした力を持っており、現在の大手金融機関の経営者あるいは実質的オーナーにユダヤ系が多いことは、紛れもない事実です。

そのユダヤ人たちは、〝民族の智恵の集大成〟とでも言うべき法典「タルムード」を持っています。これは、ユダヤ民族が、先人の教えを、遥か4000年前から気の遠くなるような時間を口伝えで代々伝承し、西暦2世紀に初めて文字とし、その後も書き加えている民族の宝のような書物です。

この智恵の書物には、「（資産は）土地として3分の1、事業に3分の1を使い、残りの3分の1は流動資産で手元に置くのがよい」との記述があります。これを現代風に言えば、「不動産・株式・預金（債券）の3分法」となるわけです。

また、西洋では、「1つの籠に卵を盛るな」という諺もあります。

多くの卵を同じ籠に入れておくと、何かのきっかけで全てが割れてしまう危険性があります。これと同様に、例えば株式を買う際、どんなに自信があって惚れ込んだ銘柄でも、1つの銘柄に集中するのはあまりに危険であり、異なった業種の何銘柄かに分散して投資しリスクヘッジするのが賢明だ、というのがこの諺の意味です。

このように、古今東西を問わず、私たちの祖先たちは、「資産を複数に分けることは、財産を守り増やすためには、意味がある」ということを経験則として知っていたのです。

こうした先人の智恵に理論的裏づけをしたのが、ノーベル賞学者ハリー・マーコビッツ氏の

「現代《モダン》ポートフォリオ理論」です。

ポートフォリオとは、もともと〝紙バサミ〟〝折りたたみ鞄〟のことを指す言葉で、いろんな品物を挟むように複数の投資機会を組み合わせ、全体の価値を高めることを狙ったものです。

この〝モダン・ポートフォリオ・セオリー〟という呼び方そのものに、「ポートフォリオ理論は前からあったがそれを現代の科学で証明した」というニュアンスが含まれています。

一方が上がれば片方が下がるような関係にあることを、統計用語で「マイナス1の相関関係（あるいは逆相関の関係）にある」と言いますが、この理論によれば、逆相関でなくても、なるべく相互に関係のない動きをする投資を「ポートフォリオ」として組み合わせれば、投資のリターン（儲けの期待値）とリスク（儲けのブレ）の関係は改善することになります。


具体的に見てみましょう。

実は、私たちは先ほど100ページで、私たちの年金を運用している「年金資金運用基金」のポートフォリオ運用においてその具体例をすでに見ているのです。

「4資産」のボラティリティを加味した期待利回りをもう一度見てみましょう。
①国内債券——マイナス　1・45%～プラス　9・45%（期待利回り4・0%）
②国内株式——マイナス15・12%～プラス28・12%（期待利回り6・5%）

③外国債券――マイナス10・17％～プラス19・17％（期待利回り4・5％）
④外国株式――マイナス13・30％～プラス27・30％（期待利回り7・0％）

これらの4資産と短期資産（現金・預金等）を以下の割合で「ポートフォリオ」として組み合わせます。

①国内債券68％、②国内株式12％、③外国債券7％、④外国株式8％、⑤現金・預金5％

詳しい計算過程は明らかにされていませんが、「年金資金運用基金」の公表資料によれば、この「ポートフォリオ」に投資した場合のパフォーマンス（運用成績）は、マイナス1％～プラス10％の幅に収まり、期待利回りは4・5％と見込まれる、とされています。

これらの数字と、4資産の中で最も安全――期待利回りが低い代わりにボラティリティ（収益のブレ）が小さい――①「国内債券」と比べてみましょう。

「期待利回り」が0・5％改善され、期待利回りの範囲はよりプラス方向にシフトしていることが分かります。つまり、このポートフォリオは、元の4資産のいずれよりも、安全な「複合資産」になっているのです。

まるで手品のようですが、こうしたことはどうして可能になるのでしょう。

「足し算」と「ルート（平方根）」

この秘密を解き明かすために、ここでは、議論を単純化して2つの資産に50％ずつ投資する「ポートフォリオ」を作ってみましょう。

ここに2つの運用機会があるとします。「ＡＢＣ国の株式市場」全体に投資する商品と「ＸＹＺ国の不動産投資信託」です。

過去のデータから推定すると、「ＡＢＣ国株式市場」の期待利回りは15％・ボラティリティ（標準偏差）は20％であり、「ＸＹＺ国不動産投資信託」の期待利回りは８％・ボラティリティ（標準偏差）は10％と見込まれるとします。

また、「ＡＢＣ国株式市場」の値動きと、「ＸＹＺ国不動産投資信託」の値動きの間にはなんの連動性もないと仮定します。つまり、相関関係はない（相関係数がゼロ）ということです。

95ページで説明した通り、投資のパフォーマンス（運用成績）は、約68％の確率で「期待利回り」プラス・マイナス「ボラティリティ（標準偏差）」の間に収まることから、それぞれの資産に単独に投資した場合のパフォーマンス（運用成績）は、「ＡＢＣ国株式市場」がマイナス５％～プラス35％の範囲、「ＸＹＺ国の不動産投資信託」はマイナス２％～プラス18％と見込まれます。

ここで、「ＡＢＣ国株式市場」と「ＸＹＺ国不動産投資信託」に１００万円ずつ投資するポートフォリオを組むとしましょう。

このポートフォリオの期待リターンとボラティリティ（儲けのブレ）はどうなるでしょうか？

まず、期待リターンを見てみましょう。

このポートフォリオからの期待リターンは、

１００万円×15％（ＡＢＣ国株式市場）＋１００万円×８％（ＸＹＺ国不動産投資信託）＝23万円

このように、複数の資産に資金を配分した「ポートフォリオ」のリターンは、常に、個別資産の期待リターンの単純な足し算となります。

つまり、「ポートフォリオ」のリターンは、〝和〟で計算できるのです。

一方、この「ポートフォリオ」のボラティリティ（期待リターンのブレ）は、ＡＢＣ国株式市場のボラティリティ20％（20万円）の二乗（４００万円）と、ＸＹＺ国不動産投資信託のボラティリティ10％（10万円）の二乗（１００万円）の和（５００万円）のルート（平方根）として計算されます（２２・４万円）。

つまり、「ポートフォリオ」のボラティリティは、単純な和ではなく、それより小さいルート（二乗和の平方根）に止まるのです。

つまり、この「ポートフォリオ」のパフォーマンス（運用成績）は、68％の確率で、プラス0・6万円～プラス45・4万円の範囲に入ることが想定されます。【図表31】

つまり、もともとパフォーマンス（運用成績）がマイナスになる（＝損をする）可能性のあった2つの資産を組み合わせることにより、最悪でもプラス0・6％のリターンが見込めるポートフォリオとなったのです。

このように、互いに相関のない資産を組み合わせると、「収益は足し算で増えていくが、ボラティリティは（二乗和の）平方根でしか増加しない」ため、1つの投資だけでは実現不可能な「リスクを抑えた〝負けない〟投資」が可能となるのです。

――投資のリスクとリターンを改善するために、相関の少ない資産間のアセット・アロケーションを追求することが有効である――

分散投資のメリットを「ポートフォリオ理論」という形で数学的に証明してみせた米国プリンストン大学教授のハリー・マーコビッツ氏は、この功績で1990年にノーベル経済学賞を受賞し、同氏の「ポートフォリオ理論」は、現代の金融工学の理論的支柱となっています。

図表31　「ポートフォリオ理論」の威力

	「ABC国の株式市場」	「XYZ国の不動産投資信託」	2資産50%ずつの「ポートフォリオ」
投資額	100万円	100万円	200万円
期待リターン（収益率）	15万円（15%）	8万円（8%）	**23万円**
ボラティリティ（１標準偏差）	20万円（20%）	10万円（10%）	**22.4万円**
約68%の確率で予想されるパフォーマンス（運用成績）	マイナス5万円～プラス35万円	マイナス2万円～プラス18万円	**プラス0.6万円～プラス45.4万円**

リターンは和で増えるが……

ボラティリティ（リスク）は
√（ルート）でしか増えない

普通の市民のための「ポートフォリオ理論」

お金持ちにとっては、この「ポートフォリオ理論」は大変都合の良い理論です。

つまり、いったん金持ちになれば、あとは〝負けないようなゲーム〟をすれば良いことになるからです。

お金持ちのもとへは、内外の金融機関などから、「国内株式」や「国内債券」以外のさまざまな運用商品が持ち込まれます。

お金持ちは、それらの中から、コア資産（例えば、自社株式）とは異なる値動きをするものだけを選んでいけば良いのです。

すると、それらから上がる投資収益、すなわち、リターンは足し算で増えていきます。

一方、それらの資産間の値動きにあまり関係がない場合はボラティリティ（リターンの変動幅）はそれほど増えません。それどころか、場合によっては（逆相関の場合には）何もしなくてもリスクが勝手に減っていきます。

自分の持っている資産の収益変動を抑えることだけを考えて投資をしていく――つまり、負けないようなゲーム運びをしていくことにより、資産は自然に増えていき、大勝する。

これが、「お金持ちがますますお金持ちになる秘密」なのです。

さて、それでは、私たち普通の市民は、どのような資産のポートフォリオを組めば良いのでしょうか?

その答えは、さまざまです。

すなわち、年齢・職業・既婚か未婚か・家族構成などの個人属性およびライフ・スタイルやリスクに対する考え方などさまざまな要因から、組むべきポートフォリオは違ってきます。

投資商品による資産運用を考える際に最も大切なことは〝自分を知る〟ことです。

すなわち、「投資の目的と必要性」「自分が負えるリスクの度合い」「投資経験の度合い」をできるだけ客観的に把握することが重要です。

まず、「投資の目的と必要性」について考えてみましょう。

この本では、主に、老後のための資金作り、『年金ギャップ』を埋めるための「インベストメント（長期投資）」を考えてきました。これ以外にも、資産運用にはさまざまな目的があり得ます。

例えば、1年後の入学金支払いなど、使途が決まっている短期の資金運用を想定してみましょう。

この場合、リスクが高い株式投資や流動性（換金性）に難のある不動産投資などをポートフォリオに組み入れるべきでないことは明白です。

次に、「自分が負えるリスクの度合い（リスク許容度）」について、考えてみましょう。

これは、年齢に大きく関係します。

例えば、高齢者になってお金に余裕ができてから、株式投資を始める方がいらっしゃいますが、実は、ボラティリティ（リターンの変動幅）が大きい株式投資は、投資期間が長期間ある若い人の方が向いていています。

20代、30代であれば、株式投資が一時的に赤字になっても、長期間の運用で挽回できるチャンスが大きいのですが、高齢者の方は、リスクを負える度合い（リスク許容度）が年々小さくなってくるのです。

「投資経験の度合い」も重要です。

例えば、投資経験の少ない場合には、人に勧められるまま、個別銘柄のリスクを取りに行く「アクティブ運用＝アルファ（α）戦略」を行ってはなりません。

まずは、アセット・アロケーションに重点を置いて、各資産からのリターンは市場平均で十分と割り切るベータ（β）戦略を採用すべきでしょう。

実は、このアセット・アロケーション重視の戦略は、「〝負けない〟運用」にとって極めて重要です。

それはなぜでしょうか？

実は、「年金性資金のようなインベストメント（長期投資）」においては、①「銘柄の選択」や「売買タイミングの選択」がパフォーマンス（運用成績）に与える影響はわずかであり、②アセット・アロケーション（資産配分）がパフォーマンス（運用成績）のほとんどを決めるからです。

つまり、どの株をいつ買うとか売るとかいうことよりも、どの資産をどの程度組み入れるか、ということで、もう運用の結果は分かっている、ということなのです。

アセット・アロケーションがパフォーマンス（運用成績）に与える影響度合いについては、さまざまな研究が行われてきましたが、控えめに言って８割から９割、ある研究報告では、実に運用の結果の93％が資産配分の巧拙で説明がつく、とされています。

こうした研究結果から、先ほど１０６ページで見たように、私たちの年金を運用している「年金資金運用基金」もこのアセット・アロケーションの計画作りに時間と労力をかけています。

そして、いったんアロケーションを決めてしまうと、後はその通りに資金の配分と「リバランス」を行い、運用成績が各資産のベンチマーク（指標）から外れがちな投資顧問会社や信託銀行を入れ替えていくだけ——、それ以外は、〝何もしない〟のです。

それでは、私たち普通の市民は、どのようにアセット・アロケーションを行えば良いのでしょうか？

先ほど見たように、「投資の目的と必要性」「自分が負えるリスクの度合い」「投資経験の度合い」などの違いからその答えはさまざまですが、ここでは、私たち普通の市民がアセット・アロケーションを考える際に参考にすべき、いくつかの例を紹介したいと思います。

ここで説明するのは以下の3つの方法です。


（ｉ）バートン・マルキール氏の「財産4分法」
（ii）「100マイナス自分の年齢」法
（iii）国内外の「年金基金」のアセット・アロケーション

まず、（ｉ）アメリカでは極めて有名なバートン・マルキール氏の「財産4分法」です。

同氏は、アメリカのエール大学教授であり、フォード政権下では経済諮問委員を務めた経済学の泰斗です。

マルキール氏の著した『ウォール街のランダム・ウォーカー——株式投資の不滅の真理』（日本経済新聞社）は、一般向け運用の手引きとしては歴史的名著と言われ、アメリカでは150万部以上売れ、日本でも根強い人気を保っています。

さて、同氏は、「個人は、それぞれのライフ・サイクルの段階に応じて『リスク許容度』が異なることから、それに応じたポートフォリオを組むべきだ」としています。

そして、投資家の年齢ごとに、４つの資産への投資割合を、次のように具体的に示しています。

20代半ばの場合は、不動産10％、現金５％、債券20％、株式65％
30代半ばの場合は、不動産10％、現金５％、債券30％、株式55％
50代半ばの場合は、不動産12・５％、現金５％、債券37・５％、株式45％
60代後半以降の場合は、不動産15％、現金10％、債券50％、株式25％

つまり、高齢者になればなるほど、株式の比率を減らし、債券や現金といった比較的安全な資産を増やすべきだと言っています。

マルキール氏は、アメリカ国外の債券や株式の割合を明示的には示していません。私たち日本に住む市民の場合には、第６の智恵でお話しするように、海外株式などへの投資も必要です。

次に、(ii)「１００マイナス自分の年齢」法について、説明します。

これは、２段階でアセット・アロケーションを考える方法です。

まず、投資家の年齢ごとに、リスクのある投資商品への割合を決めます。すなわち、「１００マイナス自分の年齢」を、リスク性商品、すなわち預貯金や国債以外の投資商品へ回せる割合と考えます。

つまり、あなたが30歳であれば70％を、55歳であれば45％を投資商品で運用するわけです。

次に、その投資用の資金をどのような投資商品に分散投資するかを決めます。

この際に、「期待リターン（儲けの期待値）」と「配分ウエイト」が逆になるようにします。

例えば、リスク性資産として、①国内株式、②外国株式、③外国債券、④国内不動産（Ｊ―ＲＥＩＴ）、⑤海外不動産（ＲＥＩＴ）の５つに分散投資する例を考えてみましょう。

過去の実績などから、それぞれの期待リターンが、①年利６・５％、②７・５％、③４・５％、④４・０％、⑤６・０％だということが分かったとします。

この時、資産配分のウエイトを期待リターンの逆数とします。例えば、⑤は④の１・５倍の期待リターンですので、配分ウエイトは、逆に④が⑤の１・５倍になるようにするのです。

①から⑤すべてについてこのようにして計算していくと、この例の場合、配分ウエイトは、①17％、②14％、③24％、④27％、⑤18％とすれば良いことになります。

ここで、この方法と、（ⅰ）バートン・マルキール氏の「財産４分法」を比べてみましょう。マルキール氏が示した４資産のうち、不動産と株式をリスク性資産だと考えると、各年代ごとに以下のようになります。

20代半ば（25歳）——リスク性資産75％　（１００マイナス25歳＝75％）
30代半ば（35歳）——リスク性資産65％　（１００マイナス35歳＝65％）
50代半ば（55歳）——リスク性資産57・５％　（１００マイナス55歳＝45％）
60代後半（67歳）——リスク性資産40％　（１００マイナス67歳＝33％）

このように、若干のズレはありますが、両者のリスク性資産への配分割合は、ほぼ同等であることが分かります。

私たち普通の市民にとっては、この辺りが最大公約数的なアセット・アロケーション——「資産配分の基本形」と考えることができます。

最後に、（ⅲ）年金性資金を専門に管理・運用している国内外の「年金基金」のアセット・ア

ロケーション、――すなわち、プロの資産配分――を見てみましょう。【図表32】

取り上げるのは、以下の年金基金です。

まず、わが国の代表的な年金基金として、以下の2つ。

①私たち普通の市民の厚生年金・国民年金を運用する「年金資金運用基金」

②企業が厚生年金の上乗せ分(3階部分)のために設立する「厚生年金基金」の平均値

これに加え、主要国の有名年金基金のアセット・アロケーションをお示しします。

③アメリカ最大の年金基金「カルパース(カリフォルニア州公務員退職年金基金)」――運用資金約18兆円

④世界第2位の年金基金・オランダの「ABP(公務員・教職員年金)」――同20兆円

⑤イギリス最大の「ブリティッシュ・テレコム(英国電電)年金基金」――同6兆円

⑥カナダの代表的年金基金である「オンタリオ州教職員年金基金」――同9000億円

【図表32】でお分かりのように、国内外の「年金基金」は、いずれも4資産(国内外の債券と株式)を中心としたポートフォリオを構築しています。

しかし、欧米の年金基金では、さらに分散効果を効かせるために、「不動産」や「プライベー

図表32 国内外の年金基金のアセット・アロケーション
——自国の株式への資産配分が最大

運用対象資産	資産配分（アセット・アロケーション）					
	① 年金資金 運用基金	② 企業年金 の平均	③ カルパース （米国）	④ ABP （オランダ）	⑤ブリティッシュ・テレコム （イギリス）	⑥オンタリオ州教職員 （カナダ）
国内債券	68%	21.3%	26.0%	40.0%	13.9%	4.0%
外国債券	7%	10.3%			1.1%	
インフレ連動債券				4.0%	9.3%	14.0%
国内株式	12%	34.0%	40.0%	34.0%	36.9%	30.0%
外国株式	8%	18.1%	20.0%		31.6%	19.0%
転換社債		1.3%		2.0%		
不動産・REIT			8.5%	10.0%	15.5%	13.0%
ヘッジファンド			0.5%	3.5%	0.7%	13.0%
プライベート・エクイティおよびベンチャーキャピタル			4.8%	4.0%		
商品先物（コモディティ）				2.5%		3.0%
インフラ投資・森林						4.0%
その他	5	15.0% （※）				

（※）うち、11.4%が「生保一般勘定」（生保が提供する利率保証＋実績配当型の商品）

（出典）①、③〜⑥各機関HPより
②「厚生年金基金連合会調査」より

ト・エクイティ（非公開・未上場株式）」、「ヘッジ・ファンド」、さらには、「商品先物（コモディティ）」や「森林」などに投資していることが分かります。

さて、これまでのご説明で、同じ「ポートフォリオ理論」に基づいてはいても、実際のアセット・アロケーション（資産配分）には多様性があり、唯一絶対の答えがあるわけではないことがお分かりいただけたかと思います。

ここで、私たち普通の市民がアセット・アロケーションを考える場合に、忘れてはならない重要なポイントがあります。

それは、「部分最適」ではなく、「全体最適」を考えなければならない、という点です。

すなわち、「私たち普通の市民がアセット・アロケーションを決める場合には、全ての資産を考慮しなければならない」、すなわち、トータル・アセット・アロケーションを考える必要がある、という点です。

よく、10万円や20万円という単位で、幅広い資産に分散投資していることを売り物にしている投資信託を買う例が見られます。また、郵便局や銀行も損が出にくい（＝ボラティリティが低い）ことから、こうした分散投資型の投資信託を販売しがちです。

しかし、こうした「部分的にリスクを限定した投資行動」は正しいのでしょうか？

すでに皆さんも見てきたように、私たち普通の市民が将来貰う年金は、「年金資金運用基金」によって一定のポートフォリオに基づいて運用されています。

つまり、私たち普通の市民の資金は、すでに、①「国内債券」に68％、②国内株式に12％といった割合で運用に回されているのです。

また、私たちは「国内不動産」という資産を、自宅という形で持っている場合があります。

運用を考える場合には、まずは、このような一人ひとりの〝トータルな資産ポートフォリオ〟を、把握することが大切です。

そして、理想的なアセット・アロケーションとご自分の資産ポートフォリオを比較し、足らない資産を購入していく——このようにして、部分最適ではなく、全体最適になるようなポートフォリオ作りをしていくことが重要なのです。

自前「株式ファンド」の作り方

ここまでは、株式や債券といった異なる「資産クラス」の間におけるポートフォリオの作り方を見てきました。

次に、国内株式という特定の「資産クラス」の運用方法について、考えてみましょう。

国内株式については、「個別の銘柄選定をきちんと行えば、市場平均を上回るリターンを上げることができる」とお考えの方も多いかと思います。そうした「アクティブ運用」派の方々のために、〝自前「株式ファンド」の作り方〟についてお話しします。

資産全体のうち、一定割合――例えば、20％――を国内株式で運用するようなポートフォリオを構築するとしましょう。この際、20％分でどの株を買うかを自分の判断で――すなわち、アクティブに――決めるとします。

まず、ポートフォリオに組み入れる銘柄数ですが、最低でも5銘柄、できれば10銘柄程度をお勧めします。そして、投資金額は、1銘柄当たり同額程度として下さい。

実は、株式に等しい金額だけ投資していく場合、ポートフォリオ全体のリスク（ボラティリティ）は、組み入れる銘柄数の増加とともに低減していくのです。

【図表33】で分かるように、銘柄数を10程度まで増加させることで、急激にパフォーマンスの変

図表33　ポートフォリオに組み入れる銘柄数と「ボラティリティ」（収益のブレ）との関係

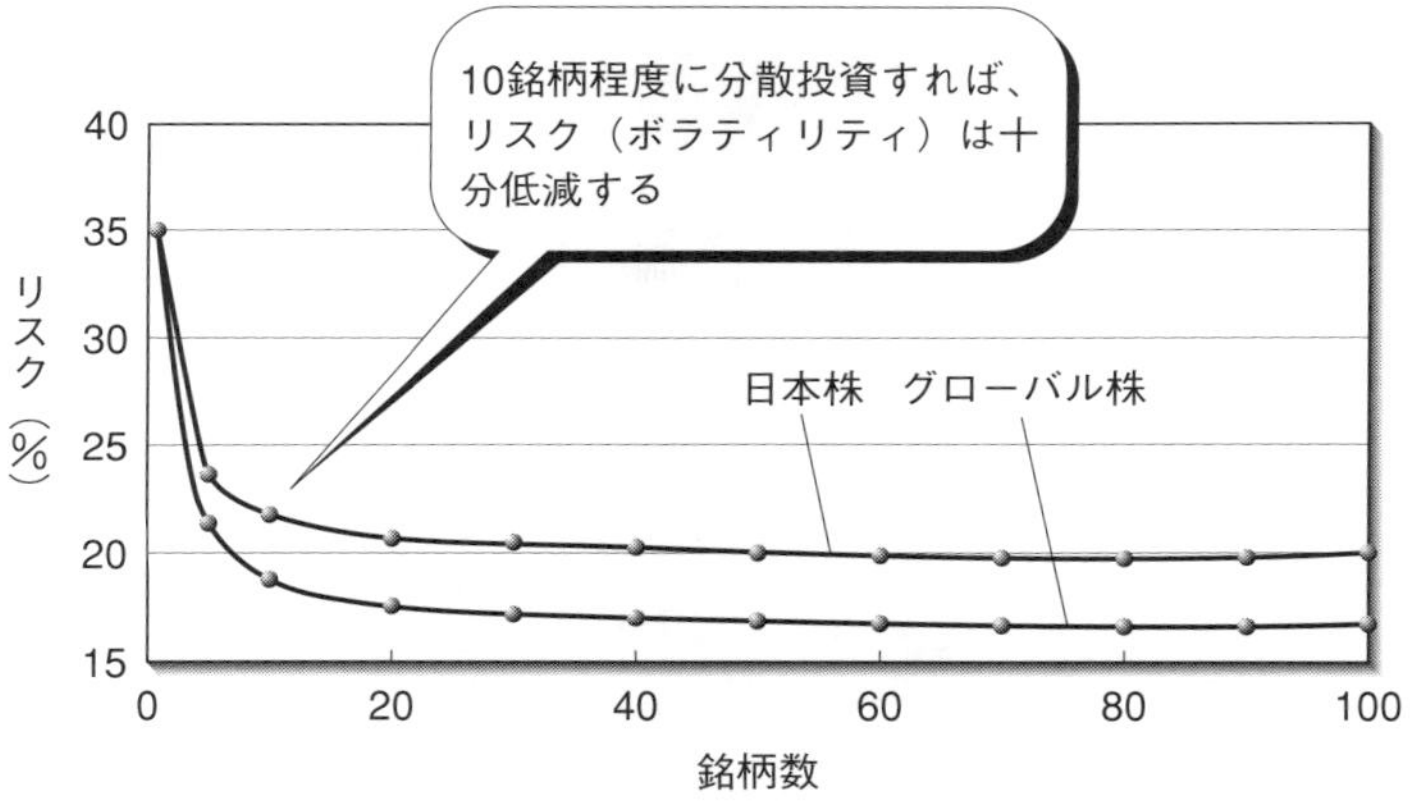

動幅が小さくなる、すなわち、ボラティリティ（リスク）が低下します。

保有銘柄を20以上に増やしても、リスクの低下は限定的で、あまり意味がありません。

繰り返しますが、「アクティブ運用」であっても、分散投資は必須です。

全ての資金をライブドア株に投入してしまった個人の悲劇を想像してみて下さい。

次に、銘柄の選定方法です。

プロのファンドマネージャーであれば、147ページの【図表28】で見たように、トップ・ダウン・アプローチあるいはボトム・アップ・アプローチで銘柄を選ぶわけですが、個人の場合は、親しみや個人的思い入れで選ぶ方も多いでしょうし、それでも構いません。

この場合の最大のポイントは、どの銘柄を選ぶかよりも、なるべく分散効果が効くように、同じような値動きをすると考えられる銘柄を外すことにあります。

不動産関連株が好き、あるいはＩＴ関連株が好きだからと言って、同じ業種の株式ばかりを選んだのでは、「ポートフォリオ理論」の効果を享受することはできません。２００６年の冬、ライブドア事件をきっかけにＩＴ関連株が一斉に売られたのは、記憶に新しいところです。

どのようにすれば、「同じような値動きをしない銘柄」を選定することができるでしょうか？

一つの簡単な方法をお示しします。

まず、新聞の株価欄をご覧ください。「東証株式第一部」というページがあると思います。良く見ると各企業がセクター（業種）ごとに区分けされていますから、それを参考に、例えば10銘柄であれば、「建設」「食品」「化学・石油」「鉄鋼・金属・機械」「電機」「輸送・精密」「商業」「金融・保険」「運輸・倉庫」「情報通信」の中から、銘柄を１つずつ選択していきます。

選定の基準は、個人的な好みで構いません。これから長期間にわたって買っていく銘柄ですから、お好きな銘柄を選んでみてください。

５銘柄に投資する場合は、業種を大括りにして、その中の代表銘柄に投資していけば良いことになります。これで、比較的分散の効いたポートフォリオができます。

このように、銘柄選定を自分で行う、国内株式を対象とした「アクティブ運用＝アルファ（α）戦略」においても、ポートフォリオ理論による分散投資が必要です。

＊

この第4節では、お金持ちがますますお金持ちになるヒミツである「ポートフォリオ理論」について、見てきました。複数の異なる資産に分散投資することで、「〃負けない〃運用」ができる理屈を具体的な例でお示ししました。

そして、ポートフォリオ運用においては、どの資産にどの程度の資金を割り振るかを決めるアセット・アロケーション（資産配分）が、そのパフォーマンス（運用成績）のほとんどを決めることを知りました。

私たち普通の市民が、それぞれの状況に応じたアセット・アロケーションを考え、ポートフォリオを組むこと――それが「ボラティリティ」すなわち、リスクを減らした「〃負けない〃運用」を可能にする第4の知恵（リテラシー）なのです。

第5の智恵　金融理論から見た「住宅」というもの――「持ち家プレミアム」

「家を買う」ことの経済学上の意味

私たちにとって、「着ること」「食べること」「住むこと」、すなわち衣食住は生活していく上での基本です。

住むためには、自分で家を持つか、人から借りるかの2つの選択肢があります。一般に、「持ち家が有利か」「賃借が得か」という議論が良く行われます。

前者の説――すなわち「持ち家派」は、自宅を持つことによる安心感や充実感に加え、資産としての価値、保険が付保されることによる将来における安心の価値を主張します。

一方、後者「賃借派」は、そのメリットとして、ライフスタイルに合わせて居住地や物件タイプを自由に変更できること、地震や災害などによりローンだけが残ってしまうようなリスクがないことを挙げます。

日本人は、世界的に見ても、〝持ち家志向〟が極めて強い国民です。

内閣府が行った「住宅に関する意識調査」では、「住宅を所有したい」という回答が全体の8割にも上っています。

「家を買う」ということには、どのような意味があるのでしょうか?

ここでは、まず、純粋に経済合理性から見た「住宅所有」の価値を、賃借の場合と比較して考えてみることにしましょう。

まず、あまり知られていないことですが、政府の経済統計上は、日本国民は全員が家を借りて住んでいることになっています。「そんなバカな」と思われる方は、GDPの内訳を見てみてください。

GDP、すなわち国内総生産の中に「帰属家賃」という項目があり、53兆円と記載されています。これは、公共事業投資の約2倍に当たる大変大きな金額です。

つまり、経済学上は、自宅に住んでいようと借家であろうと等しく家賃を支払っているものとして取り扱うのです。

自宅に住んでいる人は、自宅と同等の借家の家賃から推定した家賃を、大家である自分自身に支払っている、ということになっているのです。

この家賃のことを「帰属家賃」と言います。

次に、この経済学的「帰属家賃」をベースに、「賃借」と比較した時の住宅の価値を金融理論的に考えてみましょう。

「賃借」の裏返しは、「賃貸」です。つまり、借りる人がいれば、貸す人がいるはずです。

土地持ちの個人あるいはキャッシュ・リッチな個人にとって、マンション投資あるいはアパート経営という「運用」手法は、極めて一般的なものです。

資産家でなくとも、サラリーマンの方の中には、「ワンルーム・マンションに投資しませんか?」「不動産の減価償却費分で節税できますよ」などというセールスの電話が土日に自宅にかかってきた経験がある方も多いのではないでしょうか。

あるいは、本屋に行くと、昨今の不動産投資ブームを反映して、J―REIT（不動産投資信託）投資などの本と並んで、「失敗しないマンション投資」といった類の本が並んでいます。

こうしたマンション・アパート投資の際、その購入価格を決めるのが、「収益還元法（DCF法）」と言われる計算方法です。

将来の賃料収入と物件の売却収入を「入りのキャッシュフロー」、借り入れ金利と返済額や必要経費を「出のキャッシュフロー」とし、両者を現在価値に引き直したものの差額が理論的な物件の購入価格となります。

詳しいことはさておき、賃料が分かれば、おおよその購入価格が推定できることになるのです。

そうだとすれば、先ほど見たように、持ち家にも擬似的な賃料というものがあるなら（自分で自分に支払う「帰属家賃」）、それを利用して「自宅が投資用物件だったとしたら」という仮定の下で、理論的な自宅の価格を算出することができることになります。

わが国における不動産金融工学の第一人者で早稲田大学大学院ファイナンス研究科教授の川口有一郎先生は、こうした考え方から、「持ち家用物件」の理論的な購入価格について、計算しておられます。

それによれば、アメリカでは、持ち家の価格は賃貸住宅より27％高く、わが国の場合でも25％程度高いと推定される、ということになっています。（日経ビジネス２００５年７月18日号１５１ページ）【図表34】

つまり、同じ立地で同じ造り・仕様の「賃貸用物件」なら、４０００万円で買えるものが、「持ち家用物件」になると５０００万円で売られているということになるのです。

この1000万円の差額を、先生は「持ち家プレミアム」と呼んでおられます。〝プレミアム〟とは、割り増し分、あるいは割高分、といった意味です。

つまり、「ついに自分の家を持ったぞ」「自由に使えるぞ」といった満足感・安心感の対価として、この1000万円分を支払っているということになります。

従って、「持ち家派」と「賃借派」の論争は、単純な金融理論上では「賃借派」に軍配が上がっており、あとは、この「持ち家プレミアム」を個々人がその置かれている状況や個人的こだわりからどう考えるか、という別の〝合理性〟にどの程度、重きを置くかで答えが変わることになります。

つまり、良くある、「絶対、持ち家が有利！」とか「これからは賃借がお得！」などという一方的な解説はいずれも誤りであり、あまり意味がある議論ではないのです。

図表34　持ち家プレミアム

立地・造り・仕様などが全く同等の物件であっても……

「持ち家用物件」＝「賃貸用物件」の1.25倍

例：5000万円＝4000万円×1.25倍。
　　5000万円－4000万円＝差額の1000万円が「持ち家プレミアム」

「持ち家」を買って良いのは、大金持ちだけ？

合理的な考え方をすると言われているアメリカでもプレミアムを支払ってでも持ち家が欲しい、という人が多いことから、私たち日本人が持ち家にこだわることも十分理解できます。

「１０００万円の差なんて大したことない。『家』には、子供を育む場所、家族の精神的拠り所といった価値があるんだ」

「それに現実問題、持ち家仕様と同じグレードの賃借物件が少ないし……」

そうした意見や見方も十分にうなずけるものです。

ここでは、そうしたことを全て忘れて、「投資」「運用」という観点からのみ、「家を買う」という行動を考えてみましょう。

先ほど見たように、財産形成のためには相互に関係の薄い資産を分散して持つ、「ポートフォリオ」戦略が有効です。

家主として自分に賃貸に出し収益を得ている、と考えれば、自宅の購入は「運用資産」の購入と同様に考えることができます。

それでは、「運用のポートフォリオ」の中で自宅という「不動産」はどの程度の割合にすることが適当なのでしょうか？

先ほども見た、バートン・マルキール氏の「財産四分法」によれば、理想的な「運用のポートフォリオ」に占める「不動産」への投資割合は、20代半ば、および30代半ばで10％、50代半ばの場合は12・5％、60代後半以降で15％ということになっています。

日本とアメリカでは事情が異なる（国の総資産に占める不動産の割合が日本の方が高い）ため、そのまま用いるわけにいかないとしても、理想的ポートフォリオに占める不動産の割合は1〜2割がいいところ、ということになります。

また、ユダヤ民族4000年の智恵に敬意を表して、「タルムード」の〝財産3分法〟に従うとすると、不動産の割合は全資産の3分の1が適当ということになります。

つまり、4000万円の家を買うということは、マルキール氏の〝財産4分法〟によれば4億円、「タルムード」の〝財産3分法〟に従えば1億2000万円の総資産があって、初めて正当化される、ということになります。

つまり、家以外の資産として、株式か債券・預貯金をマルキール氏流で3億6000万円、タルムード流で8000万円持っていることが必要となるわけです。

また、「住宅ローンで家を買う」という行為は、「マイナスの預貯金と不動産資産」という資産ポートフォリオを組むことを意味します。

仮に、1000万円の預貯金、5000万円の住宅ローン、時価6000万円の住宅を持つ人がいたとしましょう。

その人の資産は、金融資産がマイナス4000万円、不動産が6000万円で、合計でプラス2000万円となります。

この場合、資産全体（2000万円）に占める「不動産」の資産（6000万円）の割合は300%となり、「ポートフォリオ理論による分散効果」どころの話ではありません。

この人が、何十年もかかってやっと定年間際になって、住宅ローンを完済したとしましょう。また、預貯金と住宅の時価は変わらなかった（建物も劣化しなかった）としましょう。

すると、金融資産が1000万円、不動産が6000万円で、資産全体（7000万円）に占める「不動産」の資産の割合は9割近くとなり、やはり、理想的なポートフォリオからは大きく崩れることになります。【図表35】

このように、戦後、日本で当たり前のように行われてきた、「ローンで住宅を買い、そしてそれが資産のほとんどを占めるようなポートフォリオを（結果として）組む」、という行為は、資産形成の理論からすれば避けるべき投資行動ということになるのです。

図表35 住宅ローンによって歪められた資産ポートフォリオと理想的なポートフォリオ

（A）住宅ローン完済時のポートフォリオ
（不動産87.5%、現金＋債券＋株式12.5%）

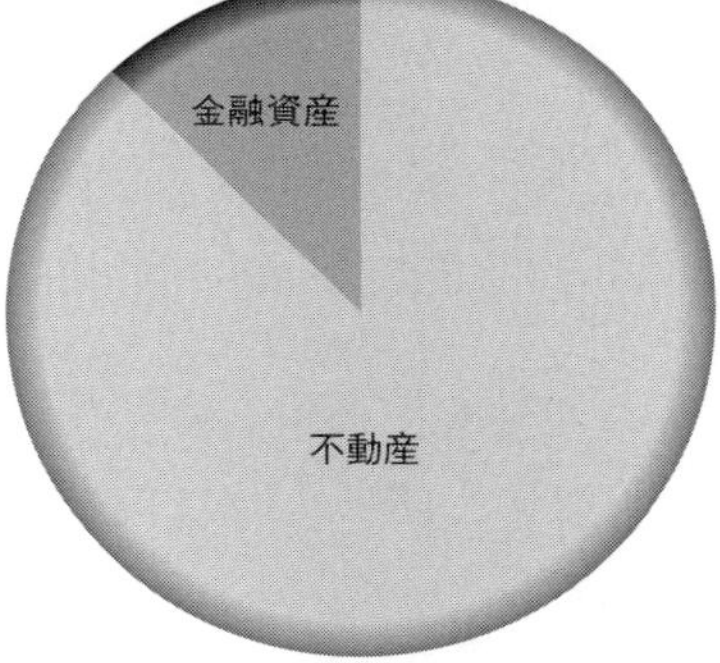

（B）50代半ばの“理想的”ポートフォリオ（*）
（不動産12.5%、現金5%、債券37.5%、株式45%）

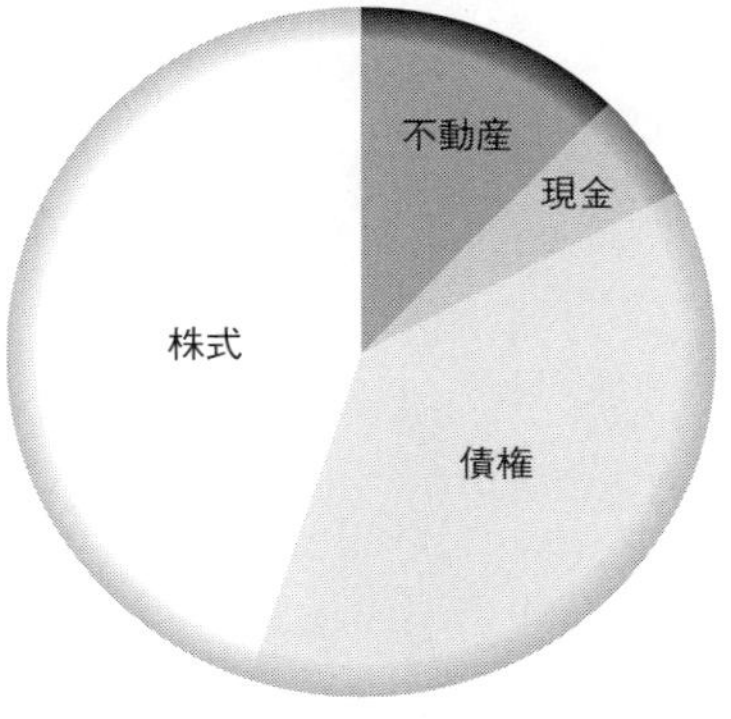

（*）バートン・マルキール氏の
『ウォール街のランダム・ウォーカー』（日本経済新聞社）による

「賃借派」の『年金ギャップ』

20代から30代のこれから住宅をお買いになる年代の方は、「ポートフォリオの1つとしての住宅」という視点以外にも考えておいた方が良い点があります。

それは、『年金ギャップ』との関係です。

すでに57ページで、35歳で2500万円程度の『年金ギャップ』があるという試算をお示ししましたが、「持ち家派」から「賃借派」へ変わることで、このうち少なくとも1500万円程度はギャップが消えてなくなることになります。

先ほども見たように「持ち家プレミアム」が1000万円あり、それを全額借り入れしているとすれば、借り入れ期間と金利にもよりますが、どんなに小さく見積もっても、銀行に払う元利合計は1500万円から2000万円となります。

つまり、それだけの現金・預金があなたのポートフォリオから失われるわけです。

もし、賃借を選択すれば、この分だけ持ち家派よりも『年金ギャップ』が少なくなることになるわけです。

物は考えようで、この世の中に「住宅ローン」がなかったとしたら、お金が貯まるまで賃貸に住む、というのは当たり前の行動になります。

これは、何も変な仮定ではなく、実は、日本でもわずか四十数年前までは「住宅ローン」という商品はなかったのです。

わが国最初の住宅ローンは、１９６２年（昭和37年）に大和ハウス工業が「羽曳野ネオポリス」の分譲にあたり、当時の住友銀行と共同開発した「住宅サービスプラン」という商品です。

それまで、私たちの祖父母より前の世代は、好きな人と一緒に暮らすため、あるいは家族を育てるため、「マイホームが欲しい」と思った場合でも、一生懸命働いてこつこつとお金を貯め、自宅を手にいれるしかなかったのです。

——住宅ローンで家を買うというのは、人類の歴史の中ではむしろ異例なことかもしれない——。

そういう風に考えることもできるのです。

一方で、「持ち家」を持つことの価値は、投資理論や純粋な経済性では測りきれないものがあることも事実です。

子供に故郷を持たせる価値、そこで育て思い出を作る価値、コミュニティを作る価値など、さまざまな価値があることは間違いありません。

しかしながら、これから高齢化社会を迎え、一人っ子同士の婚姻で住宅が余ってくるというマクロ状況にあること、賃貸用にも品質の面でグレードの高い物件の供給が増えているということも、また客観的事実です。

今後、住宅を買おうとされている若い世代の方々は、これらの点を総合的に判断して、自分のライフプランを設計していくことが重要です。

*

この第5節では、投資理論からみた「家を買う」という行為の意味について、考えてきました。

同条件の「持ち家用物件」と「賃貸用物件」を比べると20％程度の「持ち家プレミアム」があることを知りました。

また、「ポートフォリオ理論」に基づく「〝負けない〟運用」の観点からすると、住宅ローンを組んで自宅を買うことは、必ずしも推奨されない投資行動と考えられることを見てきました。

借金で住宅を買うという行動の持つお金には代えられないプラス面と、投資理論から明らかになった経済的なマイナス面を総合的に勘案すること。

——それが「〝負けない〟運用」にチャレンジする私たち普通の市民にとって考慮すべき第5の智恵（リテラシー）なのです。

第6の智恵 世界経済の成長に参加する——「国際分散投資」

失われた15年・失われた「ベータ（β）」

先ほど185ページで、国内外の代表的な「年金基金」のアセット・アロケーションを見ました。それによれば、わが国の「年金資金運用基金」も「企業年金基金」も、あるいは、他国の年金基金も、一定程度は国外の資産に投資していることが分かります。

それは、なぜでしょうか？

こうした「国際分散投資」は、「収益機会の拡大」と「ボラティリティの低減」という2つの効果をもたらすことが知られています。

「収益機会の拡大」効果とは、債券運用で言えば、「金利水準は、経済成長の著しい国の方が低成長の国よりも高いため、日本よりも成長率が高い国の債券の方がより高いリターンを狙える」、ということを意味しています。

また、「ボラティリティの低減」効果とは、景気は循環するため、そのステージ（回復→好調→減速→停滞）が異なる国の債券に投資することで、分散効果が得られるということを意味して

図表36 "失われた15年"における日本の株式と外国株式のリターン（収益率）

年度	国内株式	外国株式
	リターン	リターン
1989	−9.4%	43.1%
1990	−10.9%	−2.7%
1991	−27.5%	3.4%
1992	2.0%	−4.7%
1993	10.1%	−0.9%
1994	−15.7%	−5.2%
1995	26.2%	56.7%
1996	−15.5%	39.5%
1997	−8.0%	51.8%
1998	2.3%	0.1%
1999	35.6%	3.4%
2000	−24.6%	−6.4%
2001	−16.3%	3.9%
2002	−24.9%	−32.4%
平均	−5.5%	10.7%

（出典）国内株式はTOPIX、外国株式はMSCI-KOKUSAIの公表データから計算

います。

株式の場合もその効果が顕著に現れます。

【図表36】は、〃失われた10年〃と言われる90年代を中心とする、バブル崩壊後の1989年から2002年までの日本の株式と外国株式のリターン（収益率）を比較したものです。

「国内株式」のリターンは14年平均でマイナス5・5％ですが、「外国株式」の同期間の利回りは10・7％と国内株式を大きく上回っています。

つまり、この〝失われた10年〟、あるいは〝15年間〟と言われる期間、日本の株式だけに投資していれば、リターンはマイナスだったことになりますが、外国株式に投資すれば年率10%を超える利益が得られたことになります。

この事は、ある意味では深刻です。

株式市場のベータ（β）が長期にわたって冴えないということは、その国の経済全体が長期にわたって低迷していることを示しています。

また、私たちの国の株式市場全体のベータ（β）が、長期にわたって世界平均よりも大きく下回っているとすれば、「国内株式」はもはや、投資対象として魅力がないものになってしまっている、ということを意味します。

さらに、ボラティリティ（期待リターンのブレ）が大きい分だけ本来高いリターンが得られるはずの「株式」からの果実が小さいということは、ポートフォリオ全体にも悪影響を与えます。

こうしたことから、「国内株式」以外の収益機会を探す必要があり、この点で、「外国株式」に対する注目度が近年高まっているのです。

もう一つの効果である「ボラティリティの低減」について見てみましょう。

図表37　4資産間の相関係数

	短期資産	国内債券	国内株式	外国債券	外国株式
短期資産	1.00				
国内債券	0.39	1.00			
国内株式	0.05	0.22	1.00		
外国債券	−0.03	−0.05	−0.29	1.00	
外国株式	−0.07	−0.01	0.25	0.55	1.00

（注）1973年〜2003年の31年間の実績データ。
2004年の財政再計算に基づき、2005年3月の基本ポートフォリオ策定時に使用したもの。
（出典：年金資金運用基金HP）

【図表36】から、日本の株式がマイナスのリターン（つまり値下がり）であった、90年・91年・94年・96年・97年の5回のうち、3回は外国株式はプラスのリターンとなっていることが分かります。

特に、96年・97年は、日本がマイナス15・5%・マイナス8・0%であったのに対し、外国株式はプラス39・5%、51・8%と驚異的なリターンを上げています。

よくニュースや新聞などで「NY市場の上昇を好感して東京市場も上昇」などといった表現がされることから、短期的には日米の株式市場の連動性が高いように思われます。

しかし、長期的に見てみるとその連動性は低く、「年金資金運用基金」の分析によれば、国内株式と外国株式の相関係数は、0・25%となっています。【図表37】

世界経済全体の成長性を買う

このように、日本の株式市場全体から得られるリターン、すなわち、ベータ（β）が世界平均から大きく下回っているとすれば、これを補うため、海外の市場にも投資することが考えられます。

それでは、どこの市場を選べば良いのでしょうか？

最近は、〝BRICs〟――すなわち、ブラジル・ロシア・インド・中国（チャイナ）――が注目されていますし、巷には、「資産は中国元で持つべきだ」「インド株は今がチャンス」という指南書が溢れています。現時点で勢いがある市場は、なんとなく魅力的に見えます。

実際、個人の外国債券・株式を投資対象とする投資信託の資産残高は、2005年9月末に初めて30兆円を突破し、日本の個人マネーが海外投資志向を強めていることが統計的にも裏づけられています。【図表38】

このような状況の下、私たち普通の市民としては、自分の年齢や状況からポートフォリオにおける「外国株式」向け投資の割合を決めたとして、その資金をどのように運用すれば良いのでしょうか？

図表38 海外へ向かう“個人マネー”

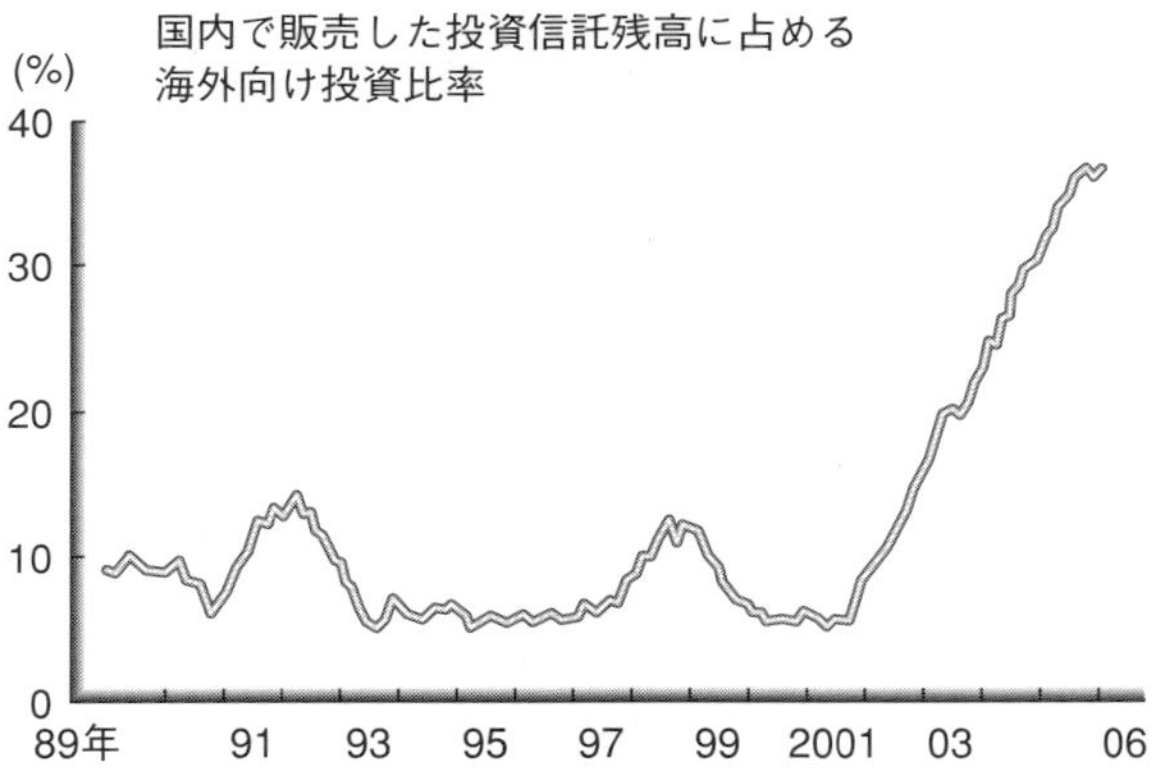

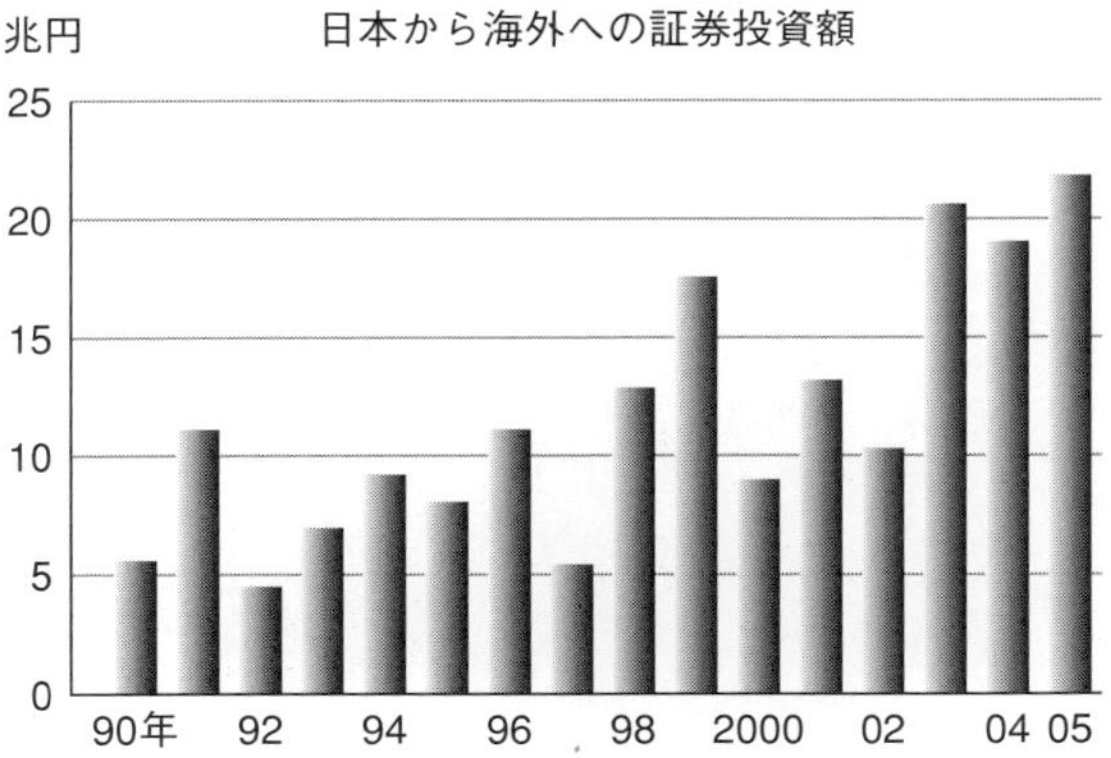

（出典）日本経済新聞（2006年2月18日付）より

結論から言えば、現在の〝ＢＲＩＣｓ〟ブーム――例えば、中国の経済成長――に乗って、全ての資金を特定の市場に賭けるのは避けるべき投資行動です。

10年後、20年後にどこの国が成長し、どの株式市場が活況を呈しているか。逆に、どの市場が低迷しているか――それを予測することは、事実上不可能です。

例えば、社会主義の国々が資本主義国家と対立していた今から20年前に、「旧ソ連が資本主義化し、中国にも上場企業がたくさん出現する」という未来予測があったとして、それを信じて資金を投資することが果たして可能だったでしょうか？

逆に、バブル絶頂期に、「日本の株価は4分の1になる」と予言した人がいたとして、それを信じる人がどのくらいいたでしょうか？

このように、20年・30年という長期投資においては、「どの銘柄が上がる・下がる」という予測や研究があまり意味を持たないのと同様、「どの国が発展する・停滞する」という予想に賭ける運用は困難なのです。

私たち普通の市民が、ある市場や国を特定してそこだけに投資することは、読みがはずれた時のリスクを考えれば、取るべき選択ではないと言えます。

むしろ、私たち長期安定運用を目指す投資家が取るべき行動は、「世界経済全体の成長性に投資する」という究極の「ベータ（β）戦略」なのです。

すなわち、将来発展する市場やその市場における個別銘柄を予測することが困難である以上、見込みがあるなしにかかわらず、世界の株式市場にまんべんなく投資すること――『〝負けない〟運用法』のためにはこれが重要なのです。

それでは、どのようにすれば、世界の株式をバランス良く保有することができ、世界経済の成長に参加することができるのでしょうか？

実は、「世界の株式市場全体」などという雲を摑むようなものを指標（インデックス）化したものがいくつかありますし、それに追随することを商品特性としている投資信託があるのです。

そして、私たちの年金を運用している「年金資金運用基金」もこの方式で国際分散投資を行っています。

１４６ページで「年金資金運用基金」が運用にあたって参照している「外国株式」のベンチマークとして、〝ＭＳＣＩ－ＫＯＫＵＳＡＩ〟を紹介しました。ＭＳＣＩとは、モルガン・スタンレー・キャピタル・インターナショナルの略で、同社が算出している世界の株式市場全体の動きを示すワールド・インデックスの中から、日本の国内株式の動きを除いたものを指標化したものです。

このMSCI-KOKUSAIでは、【図表39】にあるように世界22カ国を対象にしています。そして、各国の企業を38業種に分類し、各産業の時価総額の60％を占めるように企業が選択されている――つまり、各国市場の時価総額の6割の動きがカバーできる仕組みとなっています。

各国別の組み入れ比率、つまりウエイトは、その時々の時価総額で調整されます。つまり、株価が好調で時価総額が増加している国の割合は高められ、不調な市場の比率は低下することになっており、常にその時々の「世界の株式市場全体」を表す指標になっているのです。

私たち普通の市民は、こうしたインデックスに追随することを目的とした投資信託を購入することで、日本に居ながらにして、世界の主要市場全体に投資することができるのです。

それでも、「世界経済全体」への投資などという単純な「ベータ（β）戦略」では飽き足らず、成長力の高い（と見込まれる）発展途上国やエマージング市場に投資したい――という方もいらっしゃるでしょう。

そうした方々には、2つのことをお話ししたいと思います。

まず、1つは、ご自分のポートフォリオの中の「外国株式」の資金配分（アロケーション）を2つに分けて、「先進国」や「世界経済全体」にも投資していただきたいということです。これにより、運用成績はぐっと安定するはずです。
2つ目には、成長性を狙う投資においては、特定の株式や業種、特定の国――例えば、インド株式・中国株式――だけに投資するのではなく、なるべく多くのエマージング・マーケットに投資する商品を選んでいただきたい、ということです。

図表39 “MSCI-KOKUSAI”に採用されている22カ国

①アメリカ
②カナダ
③イギリス
④ドイツ
⑤フランス
⑥スイス
⑦オランダ
⑧スウェーデン
⑨イタリア
⑩スペイン
⑪ポルトガル
⑫デンマーク
⑬フィンランド
⑭ノルウェー
⑮オーストリア
⑯ベルギー
⑰アイルランド
⑱ギリシア
⑲オーストラリア
⑳ニュージーランド
㉑香港
㉒シンガポール

（出典）モルガン・スタンレー・キャピタル・インターナショナル・インク（MSCI）ホームページより作成

プロの運用の世界では、ＢＲＩＣｓの４カ国だけでなく、中南米や東欧、イスラエル・エジプトや東南アジア諸国など28の発展途上国の株式市場全体の動きを示す「ＭＳＣＩエマージング・マーケット・インデックス」をベンチマークとして、これに追随する運用が盛んに行われています。

エマージング・マーケットへの投資においても、ポートフォリオ理論に基づく分散投資を行うことで、ボラティリティ（リスク）を限定した運用が可能になるのです。

もう一つ、重要なことをお話ししておきたいと思います。

それは、「外国株式」だけでなく、「外国債券」など海外資産による運用に共通するリスク――「為替リスク」――についてです。

外貨建ての運用には、いくら現地通貨ベースで高い利回りとなっても、為替レート次第で最終の収益率が安定しない、という難点があります。為替予約を使うなど技術的にはいくつかの方法がありますが、何十年という超長期の為替を確定させることは困難です。

こうしたことから、最終的に「円」で生活する私たち普通の市民にとっては、その運用の大半は国内の資産で運用すべきであることを忘れてはなりません。

＊

この第6節では、「国際分散投資」について、考えてきました。

アセット・アロケーションの中で高いリターンが期待されていたわが国の株式は、ここ10年以上の間、ベータ（β）が低下していることを知りました。

このため、日本の経済だけでなく、世界経済全体のベータ（β）を取りに行くことが重要であること、「外国株式」にしろ「外国債券」にしろ、こうした投資行動はボラティリティを低下させる分散効果があることも見てきました。

実際に、世界中の株式市場に目配りしたり、個別銘柄を選定したりすることは、私たち普通の市民には困難ですが、指標（インデックス）追随型のパッシブ投信という商品があります。

国内の債券と株式だけでなく、外国の債券と株式にも資金を割り振ること、それにより、収益を高め、リスクを減らすこと。

――それが、私たち普通の市民にとっての「〝負けない〟運用」の第6の智恵（リテラシー）です。

第7の智恵　変えない勇気・負けない気持ち——「運用ポリシーとリバランス」

私たちが〝負けてはいけない〟もの

これまでお話ししてきた「〝負けない〟運用のための6つの智恵（リテラシー）」をまとめると以下のようになるかと思います。

①短期間に売買を繰り返すような「トレーディング（短期売買）」から決別し、「インベストメント（長期投資）」を行おう

②個別銘柄の動きに注目して市場に勝ちに行く「アルファ（α）戦略」ではなく、市場全体の長期的動きで資産を拡大していく負けないための「ベータ（β）戦略」を採ろう

③なるべく早期に「インベストメント（長期投資）」を開始することで「複利の力」を最大限活かすとともに、定時定額の時間分散投資を励行して「時間」を味方に付けよう

④「ポートフォリオ理論」を用いて、全ての資産——不動産・「年金資金運用基金」運用分など——を含めたトータル・アセット・アロケーションを考え、ボラティリティ（リスク）を抑えた運用を実践しよう

⑤ローンによる住宅取得については、人生観も含めて、良く考えてから決めよう

⑥国際分散投資で、日本経済だけでなく、世界経済全体の成長に追随する「ベータ（β）戦略」を展開しよう

＊

この第7節では、これまでのお話を振り返りつつ、私たち普通の市民は、「何に負けない」ようにしなければならないのか、について考えて行きたいと思います。

私たちが「負けてはいけないもの」の第1は、『年金ギャップ』の大きさです。

老後の生活のためには、2000万円とか3000万円とかが足りない——、そんな話を聞くと、あまりの数字の大きさにたじろいでしまいがちです。

そして、将来のことを考えるのを止め、利那的な生き方に走りたくなる気持ちに駆られる方もいるでしょう。住宅ローンを抱え、子供の教育費に悩む普通の市民にとって、『年金ギャップ』は確かに巨額です。

しかし、最初から諦めてしまってはいけません。

すでに見てきたように、私たち普通の市民には、「時間」という強い味方がいますし、ベータ

（β）戦略や国際分散投資から得られるリターンが、こうした『年金ギャップ』を埋めてくれるはずです。

問題は、今まで説明してきた6つの智恵（リテラシー）をきちんと守り続けることができるか、実行できるのか、といった点です。

これに関連して、私たちが「負けてはいけないもの」の第2は、〝誘惑〟です。

「投資」や「運用」の勉強を始め、実際に行ってみると、この世界がいかに魅力に富んでいるかがお分かりになると思います。

自分の予想通りに金利や株価が動き、その結果が利益という形で目に見える——この喜びや興奮は経験してみると病み付きになるものです。

そして、この本で勧めているような、「インベストメント（長期投資）」「ベータ（β）戦略」「時間分散」などといった手法は、悠長で退屈この上ないと感じるはずです。

また、ホリエモンや村上ファンド、そして各種の外資ファンドなどが動くと特定の株式が短期間に高騰することがあります。

連日、新聞やテレビで報道されると、ついつい、そうした動きに追随したくなるものです。

しかし、ここは冷静に判断する必要があります。

プロのトレーダーがひしめく「トレーディング（短期売買）」の世界で、「自分だけは勝つ！」と言い切ることがどうしてできるのでしょうか？

十分な知識と調査もないまま、自分の勘と予想だけで勝負するのは、競馬などのギャンブルと同じで、結局儲かるのは胴元（証券会社など）ということになります。

私たち普通の市民は、『年金ギャップ』を埋める、という長期的で生活に根ざした運用目的を持っています。この目的の実現のためには、着実な運用、大勝ちしなくても〝負けない〟運用が必要です。

予想の当たりがもたらす喜び、相場に関与する興奮……そういったものから距離を取り、ギャンブラーとなる甘い誘惑を絶つ――、「投機」に走らず、『運用』の世界になんとか踏み止まる勇気と理性――

これが、最も大切なことです。

それでもホリエモンや投資ファンドの動きが気になる、という方は、このように考えてみてはどうでしょうか。

――彼らは、市場の歪みを見つけて儲けている。つまり、アルファ（α）戦略で成功している。しかし、いったん情報が皆に知れ渡ると歪みはなくなる。そして、それはベータ（β）に取り込まれる。私たち普通の市民が〝第2の智恵（リテラシー）〟を守り、ベータ（β）戦略を取っている限り、ホリエモンたちの動きは大きな流れの中の泡の1つに過ぎず、いずれはわれわれの流れに包含される――

つまり、彼らの行動に対しては、マーケットの歪みをなくしてベータ（β）の価値を高めてくれたという意味で、私たち普通の市民は、にっこり笑って「ありがとう」と言えば良いだけなのです。

ここまでこの本の執筆を進めていた2006年の1月、ホリエモンことライブドアの堀江貴文氏を含む同社経営者が逮捕される事態が生じました。

膨大な数の株式を発行し、デイトレーダーたちの愛用銘柄となったライブドア株は、その取引量の多さから東証のシステムに影響を与えるなど、大きな問題を引き起こしました。

デイトレを行っていたり、金融資産がライブドア株、あるいはIT関連銘柄に集中していた個人投資家の中には、大きな痛手を蒙った方もいらっしゃいます。

しかし、分散投資を行っていたプロの機関投資家の間では、ライブドア問題は、運用成績上は全くと言って良いほど影響がなかったのです。それは、彼らのファンドのライブドア株の組み入れ比率は通常1％未満、その他の銘柄の値上がりで打ち消せる微々たるものに過ぎなかったからです。

まさに、ここ数年に起こったライブドアの株価急騰と急落は、大きな流れの中ではうたかたの夢にしかすぎなかったのです。私たちは、その泡に一喜一憂する「投機」に時間を浪費することなく、「投資」の王道を歩むべきなのです。

マーク・トウェインの著書、『赤道に沿って』（彩流社）に、こんな一節があります。

「人生で投機に走ってはいけない時期が二つある。ひとつはお金がある時であり、もう一つはお金がない時だ」

また、アメリカの有力投資信託会社創立者のジョン・C・ボーグル氏は、こう言っています。

「投資の世界では、感情は必ず間違った方向に投資行動を導くものである。気分の高揚している時（たいていは市場のピーク）は株を買いたくなり、不安を感じる時（たいていは市場が低迷している時）は売りたくなるものである。健全な長期投資にとって、直感こそが敵であり、理性こそが友である」

相場の魔力・誘惑に〝負けない〟こと――私たち普通の市民にとっては、これが最も難しく、最も大切なことです。

〝何もしないこと〟が勝利への近道

私たちは第3章で「年金資金運用基金」の例を見てきました。6兆円の含み損を抱え、「無責任」と非難され、マスコミからバッシングされても、「長期投資」「ポートフォリオ運用」「ベータ(β)戦略」「国際分散投資」という運用の基本ポリシーを変えなかったことが、2年半で11兆円を稼いだポイントでした。

つまり、「〝負けない〟運用」の4つの智恵を「年金資金運用基金」も貫いたのです。

私たち普通の市民の場合には、これに加えて、「時間分散」の智恵を活かすことができます。

165ページで見たように、日経平均株価はピーク時である1989年12月末の3万8915円からはまだ半値以下の水準ですが、1万6000円水準まで回復してきています(2006年の3月現在)。ピーク時から毎月こつこつと定額を投資していれば、平均購入単価は1万5300円程度となり、ピーク時の半値以下の水準であっても、利益を出せることになります。

このように、「時間分散」の効果は、全体として下げ相場であっても、購入原価の引き下げという意味でプラスに働きます。

「時間」は、『年金ギャップ』に備えようとする私たちのような超長期運用者にとっては、強い味方なのです。

しかし、よほど気をつけないと、私たち普通の市民は、これを〝継続〟することが困難になることがあります。

仮に、『年金ギャップ』に備えるため、毎月、決められた資金を、国内債券60％・国内株式20％・その他の資産20％の割合で投資することに決めたとします。

最初のうちは順調に行っているのですが、例えば、国内の株式市場が大きく下落し、新聞やテレビで先行きに対して悲観的な意見が多くなると、つい不安になって、株式への資金配分を減らし、債券などへの金額を増やしてしまいがちなのです。

そうして、しばらくして株価が戻り始めると、慌てて株式を買う――その結果、トータルでの平均購入コストが割高になってしまう――そういう例を良く見受けます。

大切なことは、いかなる局面にあっても、投資を〝継続〟することです。例えば、「国内債券３万円・国内株式１万円」と決めたら、その金額を毎月変えないことです。

相場の下落は買いのコストを下げる「チャンス」である――そう強く信じ、目先の相場や情報に迷わない――。余計なことは〝何もしない〟――。それが大切なのです。

スイスの大金持ちが行う、年に1度のヒミツの行動

「長期投資」「ポートフォリオ運用」「ベータ（β）戦略」「国際分散投資」に加え、「時間分散」という「〝負けない〟運用」の基本ポリシーを守ることができるとして、私たち普通の市民は、本当に何もしなくても良いのでしょうか？

つまり、「国内債券」「国内株式」「外国債券」「外国株式」という4資産、さらには「不動産」を含めたトータルの資産をポートフォリオとして考え、それらへの資金配分（アセット・アロケーション）を決め、定時定額で、毎月、あるいはボーナス時期に購入していく――それを愚直に繰り返していけば、事足りるのでしょうか？

実は、1年に1度、私たち普通の市民が行わなければならないことがあるのです。

それが、「リバランス（資産の組み換え）」の検討です。

スイスをはじめとするヨーロッパには、古くから〝プライベートバンク〟という小さな投資顧問会社があって、王族や大富豪の資産運用のアドバイスを行っています。彼らが、年に1回行うのが「リバランス」です。

この「リバランス」には、2つの種類があります。

まず、第１の種類は、「運用計画維持のためのリバランス」です。

「運用計画維持のためのリバランス」とは、ポートフォリオ運用において、相場の上昇や下落によって変化してしまったアセット・アロケーション（資産配分）比率を調整し、運用計画当初の比率を維持することを意味します。

例えば、国内株式の相場が下がれば、ポートフォリオの中に占める国内株式の割合は、当初決めたアセット・アロケーションの比率（「年金資金運用基金」の場合は、12％）よりも下がってしまいます。

逆に、値上がりすれば、想定していた比率を上回ることになります。

こうした変動を調整し、ポートフォリオの運用計画で想定した通りのアセット・アロケーションに戻すために、値下がりしている資産（例えば「国内株式」）を買い増し、逆に値上がりしている資産（例えば「外国債券」）の一部を売却する投資行動が、「リバランス」です。

１０３ページで見たように、「年金資金運用基金」もこれを行っています。

私たち普通の市民がこれを行う場合には、いくつかの注意が必要です。

まず、「リバランス」の検討頻度です。

結論から言えば、私たち普通の市民の場合には、年に1回で十分です。資産を売却したり、追加で買い増したりする場合、それが投資信託であれ、株式や債券そのものであれ、手数料や税金が発生します。

「〝負けない〟運用」のために4％とか6％とかの利回りを追求している私たち普通の市民にとって、2％内外の売買手数料はかなりの痛手になります。

こうしたコストはできるだけ節約することが重要です。

従って、「リバランス」の検討は、年1回――例えば、お正月とか、誕生日など日を決めて――行うことをお勧めします。

この「リバランス検討日」には、まず、ポートフォリオの各資産――「国内債券」や「国内株式」など――の現在の価値（値段）を計算し、その割合（パーセンテージ）を算出します。

次に、それが、どの程度、想定しているアセット・アロケーションから外れているかを考えます。

ここで、大切なことは、数％程度のずれは、許容できる範囲と考えて、頻繁な「リバランス」は行わないことです。

目標としているアセット・アロケーション比率から1％でもずれていると気になる方がいらっしゃいますが、頻繁なアロケーションの変更は、手数料が嵩むことから運用成績をかえって悪化

図表40　「年金資金運用基金」が定める アセット・アロケーションの乖離許容幅

	資産構成割合	乖離許容幅
国内債券	68%	±8%
国内株式	12%	±6%
外国債券	7%	±5%
外国株式	8%	±5%
短期資産	5%	—

（出典）年金資金運用基金HP

させます。

それでは、想定しているアセット・アロケーションからどの程度外れた場合に、「リバランス」すればいいのでしょうか？

その答えを、私たちの年金積立金を運用している「年金資金運用基金」の運用に求めてみましょう。

「年金資金運用基金」では、【図表40】の通り、「乖離許容幅」というものを4資産ごとに定めています。これは、〝この範囲から逸脱しない限り、「リバランス」は行わない〟というレンジです。

ご覧のように、「国内債券」であれば、60％～76％、「国内株式」であれば、6％～18％とかなり広いレンジとなっています。

私たち普通の市民も、この程度の「乖離許容幅」は持っていても良いと思われます。

そうだとすれば、年1回の「リバランス検討日」

に、ご自身のポートフォリオと想定ポートフォリオの差を認識し、「乖離許容幅」も勘案した上で、実際に「リバランス」を行うか否かを決めれば良いことになります。

「リバランス」のもう一つの種類は、「アセット・アロケーション変更のためのリバランス」です。

183ページで、私たち普通の市民が採用すべきアセット・アロケーションの例として、バートン・マルキール氏の「財産4分法」と、「100マイナス自分の年齢」法を見ました。

このいずれにおいても、株式に代表されるリスク性資産の割合は、おおよそ「100マイナス自分の年齢」である、ということを知りました。

これを厳密に適用すれば、私たちは、年齢を重ねるごとに毎年1%ずつ、リスク性資産から安全資産へ資金を移していくことが必要、ということになります。

実際には、先ほどもお話ししたように、1%程度の資産配分の変更は、売買手数料などのコストを考えれば、行うべきではありません。

それでは、私たち普通の市民は、どの程度の頻度で、「アセット・アロケーション変更のためのリバランス」を行えば良いのでしょうか?

私は、これを「5年に1度程度」と考えています。

つまり、5年に1度、「株式」に代表されるリスク性資産から、全体の5％に相当する分を、「預貯金」に代表される安全資産に変えていくことになります。

以上のことから、相場が極端に変動してポートフォリオの内容が想定アセット・アロケーションから大幅に外れない限り、私たち普通の市民が行うべきことは、年1回の「リバランス検討」と5年に1回程度の「リバランス」だけ、ということになります。

――その程度のアクションだけでは、なんとなく不安だ――という方もいらっしゃることでしょう。

しかし、先ほどお話ししたスイスのプライベートバンクが大富豪に対して行う運用報告は、年に1回程度なのです。また、その内容も、初めに約束した「投資スタイル」や「アセット・アロケーション」が守られているかに重点が置かれています。

私たち普通の市民も、運用のことを考えるのは年に1回程度で十分です。

そして、それこそが、「クオリティ・オブ・ライフ（生活の質）」を重視した、心と財布が潤う運用法なのです。

インフレに〝負けない〟

「〝負けない〟運用」の7つの智恵（リテラシー）について語ってきたこの第4章の最後に、私たち普通の市民にとっての最大の敵――すなわち、最も〝負けてはいけない〟相手――について、お話ししましょう。

それは、「インフレーション」です。

日本ではバブル崩壊後、デフレ・スパイラルへの転落の危機が叫ばれてきました。また、なんとか最悪のシナリオを回避した後も、政府のゼロ金利政策が継続していることもあり、インフレの恐怖は遠く忘れ去られています。

しかし、そうした状況は今、大きく変わろうとしています。

２００６年3月、日銀は約五年ぶりに量的緩和政策を解除することを発表しました。

当面はゼロ金利政策を続けられるものと思われますが、日銀の金融政策の目標が「量」から「金利」に移ったことは明らかであり、近い将来の金利引き上げが視野に入ったものと言えます。

ご存知のように、わが国の公的債務は地方分を含めると１０８０兆円と言われています。一方、家計に１４５０兆円の黒字があるため、国の借金は全額国内で消化され、日本は対外的な債

図表41　「個人資産」と「公的債務」
――対外債務国家への転落も

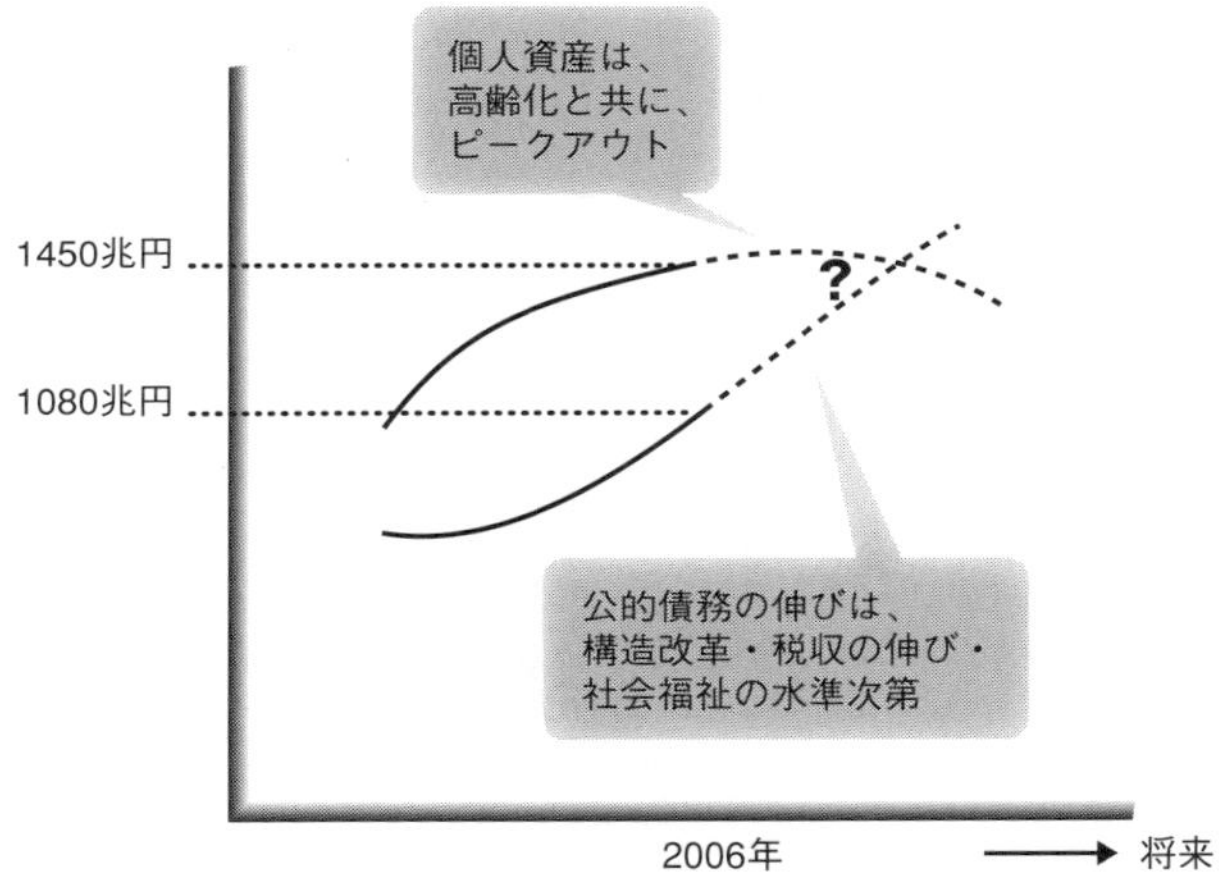

務を負っていない、という状態にあります。

つまり、「政府が国民から借金している」ことと「個人資産１４５０兆円が主に銀行預金にあり、銀行が国債を大量に買っている」ことはコインの表と裏の関係にあり、この意味でこの貸借関係は日本国内で〝閉じて〟いるわけです。

それでは、今後、このバランスはどうなるのでしょうか？

第2章で見たように、政府による調査では約2割の人が「貯蓄ゼロ」と回答するなど、貯蓄率の低下があり、また、貯蓄を取り崩す高齢者の割合が増えることから、１４５０兆円の個人資産は数年後にはピークアウトし、減少に転じることが予想されています。

一方で、地方自治体を含めた政府の赤字は、引き続き増加の傾向にあります。【図表41】

こうしたことから、このままでは、国債が国内では捌《さば》ききれず、対外債務になる可能性が指摘されています。

その意味で、2005年はターニング・ポイントとなる年でした。

実は、財務省（旧・大蔵省）が、世界中の主要のマーケットで日本国債のIR（投資家向け広報）活動を行って回ったのです。これにより、日本の政府が、いずれ国債が国内だけでは消化しきれずに、海外投資家に大量に買ってもらわざるを得ない事態になることを想定していることが、マーケットの常識となりました。

国債を海外投資家向けに大量に販売するためには、何が必要でしょうか?

世界中の他の国債との比較の中で、日本国債を円滑に消化するためには、その魅力度を高める必要があります。すなわち、クーポン（利率）を引き上げざるを得ないことが予想されます。

国債の利回りは長期金利の指標ですから、国債の大量発行の継続は、いずれ、日本を高金利社会＝インフレ社会に導きます。

こうしたことから、私たち普通の市民は、これから「インフレ」というものを常に意識して資産運用を考えていく必要があります。

ところが、「失われた15年」はデフレ時代であり、恒常的に消費者物価が下落する時代でし

図表42　住宅ローンを襲う「金利上昇」「複利」の脅威

（前提）
元利均等返済・変動金利・残り30年・残高3000万円

借り入れ金利	支払い総額	うち、金利分
2%	4000万円	1000万円
3%	4600万円	1600万円
4%	5200万円	2200万円
5%	5850万円	2850万円
6%	6500万円	3500万円

た。そのため、私たちは「インフレ」の恐ろしさを忘れかかっています。

しかし、定額の給与をベースに生活を組み立てている普通の市民にとっては、賃金の実質引き下げとなる物価上昇（インフレ）は、生活の根幹を脅かす存在です。

とりわけ、住宅ローンなど変動金利の借入れをしている個人にとっては、金利が上昇すれば、「時間」が味方から敵に変わります。

すなわち、資産を増やしてくれる効果のあった「複利」が、〝悪魔〟になるのです。

実際、２００６年3月の日銀の量的緩和解除を受け、住宅ローンの金利は上がりはじめています。

【図表42】は、「金利上昇」と「複利」の脅威の凄まじさを示しています。

これは、元利均等返済・変動金利で住宅ローンを借り、残高3000万円・返済期間が残り30年の人が、銀行に元本返済以外に金利分としていくら支払うことになるかを、金利別に試算したものです。

金利が1%上がるだけで、約600万円の負担増になることが分かります。


それでは、今まで議論してきた「インベストメント（長期投資）」を基軸とする運用法は、私たちの最大のリスクであるインフレに対抗できるのでしょうか？

すなわち、「〝負けない〟運用」は、インフレにも〝負けない〟のでしょうか？


残念ながら、将来のことは正確には分かりません。

しかし、過去の実績から、合理的に類推することは可能です。【図表43】をご覧ください。

これは、およそ資本主義経済というものが成立してからの約200年間という超長期の期間におけるインフレ率と「株式」「債券」および「国債（財務省証券）」の利回りを比較した実績値です。

ウォールストリート・ジャーナル紙が掲載したアメリカ経済におけるデータですが、「全世界の合計数字」というものがないため、これが「資本主義経済の過去の実績」という点では、利用可能な最長かつ最良のデータであると思われます。

図表43　インフレに負けない「インベストメント（長期投資）」

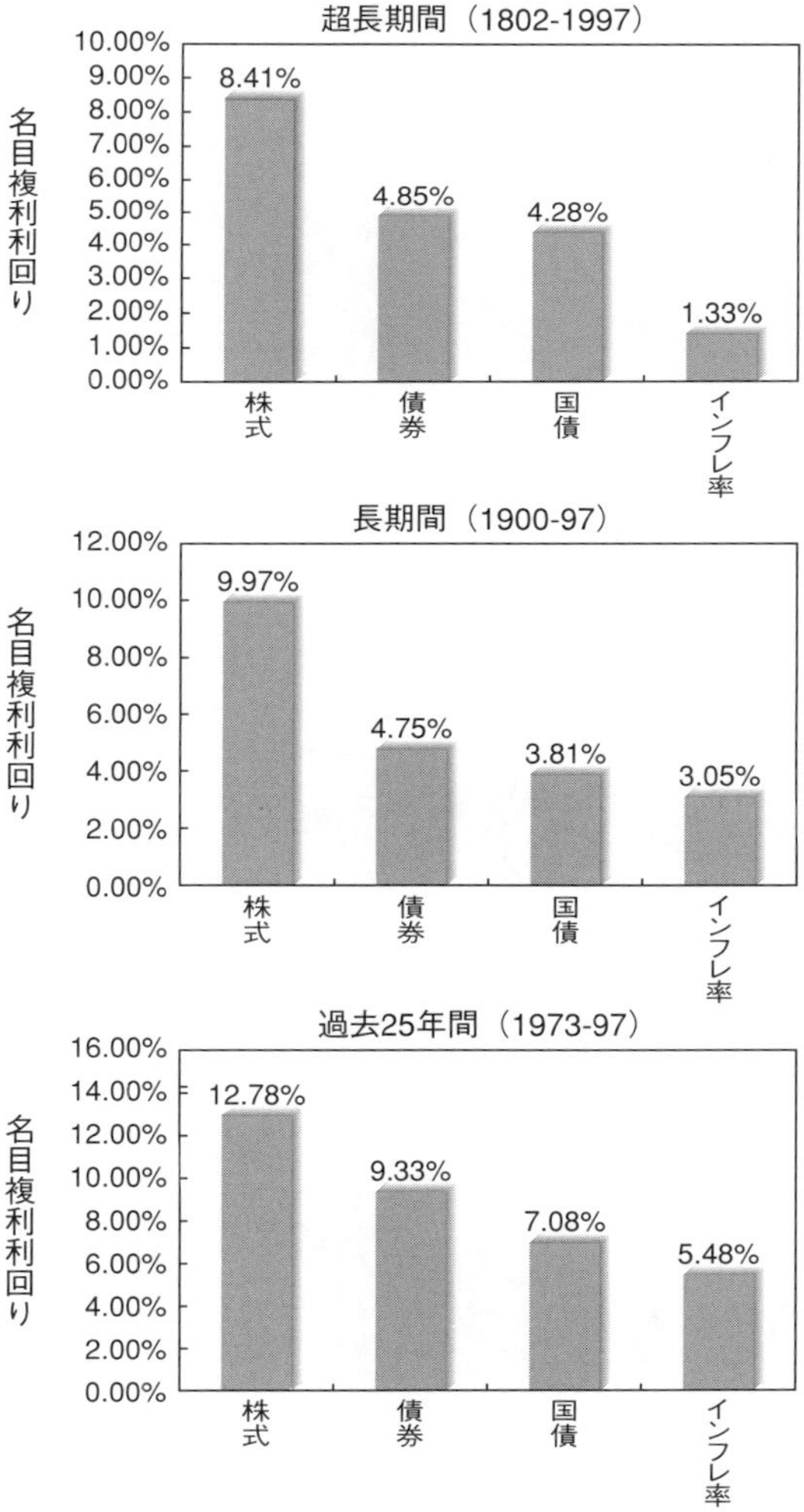

（出典）『敗者のゲーム』（チャールズ・エリス著・日本経済新聞社刊）より作成
※原典は「ウォールストリート・ジャーナル」1996年5月28日、P32

ご覧のように、長期間に経済が発展する限りにおいては――すなわち、ベータ（β）が存在する限りにおいては――、「〝負けない〟運用」はインフレ率にも打ち勝ってきたことが分かります。

すなわち、私たちの社会あるいは世界全体が経済成長を果たし全体として拡大する限り、国際分散投資を含む「〝負けない〟運用」により、私たち普通の市民は最大の敵、インフレにも負けない資産形成が可能である――そう考えることができるのです。

*

第4章の最後となるこの第7節では、今まで見てきた「〝負けない〟運用」のための6つの智恵（リテラシー）――すなわち、「長期投資」「ベータ（β）戦略」「複利効果と時間分散」「ポートフォリオ運用」「住宅保有の得失」「国際分散投資」――に加え、「運用の心構え」について見てきました。

前節まででお話しした6つの智恵（リテラシー）をアタマで理解しても、それをきちんと実践できなければ、何の意味もありません。

そして、実践のためには、「ポリシーを変えない勇気」や「誘惑に負けない気持ち」が極めて重要であることをお話ししてきました。

私たち普通の市民は、まず、『年金ギャップ』の大きさに負けない気構えが必要です。

そして、「トレーディング（短期売買）」に走りたくなる誘惑に負けず、相場の下落時に不安感から定時定額で運用商品を買い続けることを止めたくなる誘惑に負けないことも重要です。

また、相場の動きに一喜一憂して、頻繁に「リバランス」したくなる誘惑に負けることも避けなければなりません。


私たち普通の市民にとって、6つの智恵（リテラシー）を信じて、それを超長期にわたって実践しつづけること、これこそが『年金ギャップ』を埋め、最大の敵であるインフレに打ち勝つための〝王道〟です。

「ポリシーを変えない勇気」や「誘惑に負けない気持ち」を持ち続けること――それが、「〝負けない〟運用」の第7の智恵（リテラシー）にして、最も重要な鍵なのです。

第5章 「負けない社会」を目指して

「〝負けない〟運用」の前提としての「負けない社会」

本書の第1章では、私たちの社会が「格差社会」になりつつある、ということを見てきました。

そして、現在の高齢者は問題ないとして、〝将来の高齢者〟にとっては、政府の財政状態が苦しくなり、所得の再分配機能が低下すると、現在は覆い隠されている「所得格差」が〝むき出し〟になるリスクが高いことをお話ししました。

さらに、このような格差を容認する傾向は、国の財政状況から言っても、また、リバタリアン政権である小泉自民党とそれを同じ路線で競う前原民主党という政治状況の中では、当面、変わらない可能性があることを見てきました。

第2章では、「格差」の中でも金融資産の格差について、見てきました。

とりわけ、誰にでもやってくるセカンド・ライフのための必要資金と、年金で用意される金額との差額である『年金ギャップ』について、世代別に分析しました。

そして、第3章以下では、この『年金ギャップ』を埋めるための、正しい運用方法として、「トレーディング（短期売買）」ではなく、「インベストメント（長期投資）」について、その内容と、実践のための7つの智恵（リテラシー）について、お話ししてきました。

この最終章では、私たち普通の市民が「〝負けない〟運用」を行う前提となる社会の仕組みについて、見ていきたいと思います。

どうして資産運用の話が、社会の仕組みの話に繋がるのでしょうか?

第4章で詳しく見たように、私たち普通の市民が安心して老後を暮らせるかどうかは、私たちのポートフォリオが期待収益率通りのリターンを生むかに掛かっています。

そして、その運用のパフォーマンス(成績)は、「日本経済」の成長――ベータ(β)――に掛かっています。

つまり、日本経済が欧米やアジア諸国に〝負けない〟ことが、「〝負けない〟運用」の大前提なのです。

ところが、207ページの【図表36】に見られるように、90年代の国内株式の収益性は、大幅なマイナスとなっています。

「株価は、経済や企業業績の先行指標」とも言われます。

こうしたことから、「高齢化の中で日本経済の将来は暗いのではないか」「だとすると、国内株式市場全体からの収益(ベータ(β))は見込めないのではないか」――そういう議論が真剣に行われてきました。

このところの株価回復で、日本経済の将来に対する極端な悲観論は影を潜めていますが、政府機関である「年金資金運用基金」が「外国株式」からの期待収益率を7％と予想する一方で、「国内株式」の期待リターンを6・5％と想定している（92ページ）こと自体が、運用先としての日本経済が魅力に乏しいことを、政府自らが認めている、と考えることができます。


私たち普通の市民の資産形成にとって、わが国の経済成長が鈍化し、マーケット全体の拡大の指標であるベータ（β）が低下することは大きな問題です。

この観点から、私たちの社会を、なんとか持続的な成長が可能な状態に、仕組み変えしていく必要があるのです。

これが構造改革です。

政府が、貧富の差を容認してでも、新たな産業の担い手や新たな成長企業が勃興してくるような社会体制を作ろうとしていることの背景もここにあります。

つまり、次代を切り拓く経営者や新興企業を生み出し、彼らに牽引者になってもらうことによって、経済の活性化を図ろうとしているわけです。

あだ花に終わりましたが、異常とも思えた「ホリエモン」人気は、人々がそれを待望していることの証左であるとも考えられます。

また、非効率な政府や公的機関の業務を、より生産性の高い民間企業に移管しようとする、いわゆる「官から民へ」という政策も、経済活動の効率化という観点からは合理性を持っていると考えることができます。


こうしたことから、構造改革や経済の持続的成長のために、ある程度の「格差」を容認する社会になっていくことはやむを得ないことだと言えます。

私たちの社会が、今後、最も考えなければならないことは、拡大する「格差」の中で、「社会の安定」をいかに確保していくか、という命題です。

経済がいくら成長しても、犯罪者や自殺者の多い、暮らしにくい社会になってしまったのでは意味がありません。

経済の牽引者に「富」というインセンティブを与えつつも、社会不安を起こさないレベルの所得の再分配機能は維持する――、私たちは、これからこうした微妙な舵取りが求められる社会を構築していく必要があるのです。

経済学で考える「負けない社会」の作り方

本書で繰り返しお話ししてきましたように、私たち普通の市民は、「投機」や「トレーディング（短期売買）」に手を染めるべきではありません。きちんとした智恵（リテラシー）に基づいた「インベストメント（長期投資）」を行うべきです。

この「投機と投資の違い」は、ここ最近の株価の高騰の時期には見分けがつかなくなりがちです。しかし、いったん株価が調整局面に入ると「投機」をやってきた人たちの多くは、損失を抱えることになるのです。

短期的に〝勝つ〟ためのゲームを行えば、勝った人の数だけ、負けた人が出ます。つまり、デイ・トレードに代表される「トレーディング（短期売買）」は、所詮、ゼロ・サム・ゲームに過ぎないのです。

「勝った・負けた」の世界に明け暮れることなく、皆で「〝負けない〟ゲーム」をすること――

すなわち、日本経済を活性化させ、ベータ（β）を大きくすること――

それは、社会にとっても、そこで生きていく私たち普通の市民にとっても、極めて重要なことなのです。

それでは、高齢化を迎える日本の社会が、〝世界の工場〟としての中国や、家電や自動車などで力をつけた韓国、ITに強みを持つ台湾、さらには低価格労働力を持つ東南アジア諸国に負けない社会を作り、新たな成長軌道を描くためには、どうすればいいのでしょうか？

ここでは、少し経済学的に、「高齢化社会」を簡単な数式で表し、この避けて通れない状況下における「負けない社会」の作り方を考えてみることにしましょう。

経済学では、GDPなどの国全体の生産高・経済のボリュームを、一般に「Y」で表します。そこで、このYを労働力（L）で割り、さらにLを掛けるとYに戻ります。これを式で表すと、以下のようになります。

Y＝（Y÷L）×L

さて、この式の左辺と右辺を、人口（P）で割ります。すると、

Y÷P＝（Y÷L）×（L÷P）

という式になります。【図表44】

ここで、左辺のY÷Pは、人口で国全体の総生産（経済力）を割ったものですから、一人当たりの国民総生産であり、裏返して言えば、「国民の平均的生活水準」ということになります。一方、右辺の右側、（L÷P）は、労働力を人口で割ったものですから、「労働参加率」ということになります。

私たちの社会がこれから直面する高齢化社会とは、全体の人口が微減していく中で、急速に65歳以上の高齢者の割合が増え、15歳から64歳の労働に参加できる人口の割合が減少する社会です。

つまり、（労働力÷総人口）すなわち、「労働参加率」が減少していくわけです。このことは、避けることができないものと思われます。

もちろん、この「労働参加率」の低下を少しでも食い止めるため、女性の労働参加および定年延長などによる高齢者の労働参加を高めることも重要です。しかし、それらは「労働参加率」の低下を鈍化させる効果はあっても低下を食い止めるほどのインパクトはありません。

こうした中で、左辺のY÷P、すなわち「国民の生活水準」を維持していくためには、どうすれば良いのでしょうか？

図表44　経済学で解く「負けない社会」の作り方

国全体の生産高・経済のボリュームを「Ｙ」、
労働力を「Ｌ」とすると、

$$Y = \frac{Y}{L} \times L \quad \cdots \text{①}$$

①式の左辺と右辺を、人口（Ｐ）で割ると、

$$\frac{Y}{P} = \frac{Y}{L} \times \frac{L}{P} \quad \cdots \text{②}$$

②式の左辺Ｙ÷Ｐは、「国民の平均的生活水準」、
右辺第１項（Ｙ÷Ｌ）は、「労働生産性」、
同第２項（Ｌ÷Ｐ）は、「労働参加率」。

（問）
ここで、高齢化により右辺第2項（Ｌ÷Ｐ）「労働参加率」
が小さくなるとき、左辺Ｙ÷Ｐ「国民の平均的生活水準」
を一定に保つためには、どうすれば良いか？

（答）
右辺第1項（Ｙ÷Ｌ）「労働生産性」を大きくすることが必要。

$$\frac{Y}{P} = \frac{Y}{L} \times \frac{L}{P} \quad \cdots \text{②}$$

（生活水準）　（生産性）　（労働参加率）

お分かりのように、私たちが現在の生活水準を維持・向上させるためには、右辺の左側の（Y÷L）の部分を引き上げることが必要になります。

これが現状維持のままでは、私たちの社会は、高齢化社会の到来→労働参加率の低下→生活水準の低下、という一本道を進むことになります。

それでは、生活水準の維持のために引き上げることが絶対に求められている（Y÷L）とは何でしょうか？

Yは「経済全体の生産高」でLは「労働力」ですから、（Y÷L）は、「労働力一人当たりの生産高」、すなわち、「労働生産性」ということになります。

つまり、世界でも類を見ないような高齢化社会を迎える私たちが、今の生活水準を維持するためには、マネーゲームで遊んでいるヒマなどないのです。

私たち一人ひとりが、自分の本分で自己実現を図り、それぞれの分野のプロとして、アジアや世界の他の国々に負けない「生産性」を高めていく努力をしない限り、経済全体（Y）の拡大どころか、一人当たりの経済規模（＝生活水準＝Y÷L）も維持できないことになるのです。

先ほどもお話ししたように、「経済の拡大」と「私たちの資産運用」とはコインの裏表の関係にあります。

私たち一人ひとりが自分の本分で自己実現を図り、それが経済の成長に繋がれば、それがベータ（β）の拡大に繋がり、時間の経過とともに私たちの年金積立金を増やしてくれる――という関係にあるわけです。

今まで培ってきたものに磨きをかけ、「専門性」「高度化」「知的産業」をキーワードに、ゼロ・サム・ゲームに興じるのではなく、経済というパイ自体を大きくすることに集中することが、最大多数の最大幸福に繋がるのです。

――各世代が、そして個々人がそれぞれの役割をきちんと果たすことで、他の国や高齢化に「負けない社会」を作る。そしてそれが個々人にとっての「〝負けない〟運用」に繋がる――そんな未来を作りたいものです。

「負けない社会」に求められる新しい金融機関像

「負けない社会」を構築し、私たち普通の市民が「〝負けない〟運用」を行うためには、その潤滑油の役割をする、金融機関も変わる必要があります。

戦後の日本の経済では、家計にある資金が預金（銀行）や貯金（郵便局）が集められ、それらが企業や特殊法人などに貸し付けられる、という構造が長く続いてきました。

こうした銀行や郵便局が金融経済の中心を果たす構造は、実は、経済発展のための資金配分を政策的に行うには適したやり方であり、その意味で、「発展途上国型の金融体制」と言うことができます。

実は、この体制が今、大きく軋んでいます。

「預金から投資へ」という大きな流れが、金融界に変動をもたらそうとしているのです。

銀行は、統合を繰り返し、3グループに集約されてきました。そして、その過程の中、銀行員の数も1994年3月末の46万人をピークに10年連続で減少しています。2005年にはピーク時の3分の2に当たる30万人を割り込みました。これは、1970年以来のことです。

欧米主要国を見ても、大手銀行（マネーセンターバンク）は数行というのが一般的であり、郵便局による銀行類似業務も順次、民営化されたり、廃止されたりしてきています。

そして、金融界の中心に君臨してきた銀行のビジネスモデルも変わろうとしています。すなわち、個人から預金を集め、企業に貸し出すというビジネスモデルから脱皮し、銀行の窓口で株式や債券に投資する投資信託、さらには保険商品を販売することで手数料を得ることに力点が置かれつつあります。

銀行業にとって、「預金」は仕入れです。そして、それを貸し出しという形で「販売」するのが銀行のビジネスモデルでした。

これに対し、「投信の販売」というのは、他社の商品を売って手数料を得る商売です。喩えて言えば、ケーキ屋さんが他社から仕入れた和菓子を売る、そういう事態が始まっています。

銀行だけではありません。２００５年10月からは郵便局でも投資信託を販売し始めました。それらの商品を製造し、株式や債券の運用を行っているのは、野村・大和・ゴールドマンサックスといった郵政公社とは何の関係もない金融機関です。

このように、これまで金融界の中心であった「銀行」や「郵貯」が変わろうとしています。つまり、「銀行」や「郵貯」といった、これまで金融界の製造・販売を一手に牛耳っていたスター・プレーヤーは、自社製品ではなく、他社製品を販売するディストリビューター（小売業者）にその役割を変えつつあるのです。

そしてその一方で、投資信託などの運用商品を作るメーカー（製造者）の役割も見直されようとしています。

今後、個人の資金が、預金から投資へ、その中でも「トレーディング（短期売買）」から「インベストメント（長期投資）」へ向かうとすれば、金融界におけるメーカー（製造者）もそれに合わせて変容していく必要があります。

「投資と言えば株式、株と言えば……」、という連想からまず最初に名前が上がる「証券会社」ですが、既存の大手証券会社には変革が求められています。

すなわち、「株屋」から「インベストメント・バンク（投資銀行）」への脱皮が求められているのです。

これまで、ビジネスの中心だった株式の売買のブローカレッジ（仲介）業務は、インターネットの普及とともに、新興のネット証券にそのシェアを奪われ続けています。

「預金から投資へ」という経済変化をすでに経験した先進国では、証券会社は、資本市場に最も精通したその特色を活かし、企業の合併・買収のアドバイザーや投資ファンドの運営などを行う「インベストメント・バンク（投資銀行）」に変身しています。

前書『外資ファンド 利回り20％超のからくり』で取り上げた、90カ所以上の日本のゴルフ場や温泉旅館を買収し再生させているゴールドマン・サックス、巨大な不動産ファンドを運営し日本の主要都市でオフィスビルを次々と買収しているモルガン・スタンレー、そして、ライブドアによるニッポン放送株式の買収でホリエモンに資金を提供したリーマン・ブラザーズ——、彼らが「インベストメント・バンク（投資銀行）」の代表格です。

彼らが関与している「外資ファンド」は平均利回り20％という通常では考えられない高い運用成績を収めていますが、そこで働く金融マンの年収は成績次第では巨額となり、ウォール街（ニューヨーク）でもシティ（ロンドン）でも彼らは花形のスターなのです。

わが国では、銀行中心の時代が長く続いたため、現在でも「銀行員」の方が「証券マン」より社会的ステータスが高いと、一般には捉えられています。

さらに、誤解を恐れずに言えば、証券会社は、どうしても「株屋」のイメージが拭えず、相場・投機・ギャンブルというイメージで証券会社を捉えている人々も多いのが現実です。

ところが、「投資」の先進国では、このように事情が全く異なるのです。

もう一つ、「金融の製造者」として私たちの社会が強化していかなければならない業種があります。

「アセット・マネージメント（資産運用）会社」です。私たちの業界では、これを省略して「アセマネ」とか、「AM」などと呼びますが、一般には馴染みの薄い業種です。

2004年度の長者番付で、アセット・マネージメント会社であるタワー投資顧問の部長が100億円の給与所得を得て、第1位にランクされました。しかし、その背景については、マスコミではあまり掘り下げた解説がなされなかったため、良く分からない職業と思われているようです。

実は、107ページの【図表21】に示した、「年金資金運用基金」から私たちの年金掛け金の運用を託され、株式や債券などで運用しているのが、「アセット・マネージメント（資産運用会社）」なのです。業種としては、「投資顧問会社」「投資信託委託会社」「信託銀行（の一部門）」などがこれに当たります。

これらの会社には、実際に株や債券を売買する「ファンド・マネージャー」、これらを組み合わせて顧客ごとのポートフォリオを構築する「ポートフォリオ・マネージャー」といった職種があります。

また、アルファ（α）を追求する「アクティブ運用」を行うため、運用戦略をトップ・ダウンで考える「ストラテジスト」や、個別企業や業種の調査から投資先を考えるボトム・アップ型運用を担う「アナリスト」と呼ばれる人々も働いています。（147ページの【図表28】を参照して下さい。）

こうした「アセット・マネージメント（資産運用）会社」の運用対象は、本書で取り上げた「国内外の債券と株式」という〝伝統的4資産〟だけでなく、「不動産」や「プライベート・エクイティ（非上場株式）」、さらには、「ヘッジファンド」「店頭商品先物（OTC）」といったオルタナティブ（代替商品）にまで、広がりつつあります。

さらに、働く人のバックグラウンドも、従来の金融機関で見られた「経済学部や法学部卒の文科系出身者」だけではなく、理工系出身者も見られます。彼らは、金融工学を用いて複雑な債券や株式のオプションなどのデリバティブ（金融派生商品）の価格形成を分析し運用に活かす「クオンツ」などの領域で活躍しています。

欧米の一流「アセット・マネージメント（資産運用）会社」では、高額のインセンティブ・フィー（成功報酬）を目指して、頭脳と腕に自信のあるファンド・マネージャーたちが、「市場に勝つ」ことを目指して、アルファ（α）の追求に明け暮れているのです。

このように投資の先進国では、「アセット・マネージメント（資産運用）会社」も「インベストメント・バンク（投資銀行）」と並んで、付加価値が高く、高収入が得られる、花形のビジネスとして認識されています。

「世界20位以下」からの進化

「〝負けない〟運用」が主流となる新しい社会で、金融界の中核を担うべき「インベストメント・バンク（投資銀行）」や「アセット・マネージメント（資産運用）会社」ですが、わが国では十分に育っているとは言えません。

「銀行」の世界では、邦銀は資金量だけでなく企業としての価値を示す時価総額でも、三菱UFJフィナンシャル・グループが世界で5位、みずほや三井住友もベスト20位以内と上位にランクされています。

しかし、「インベストメント・バンク（投資銀行）」業界では、ゴールドマン・サックスやモルガン・スタンレーなどにその能力や実力で対抗できる〝和製インベストメント・バンク〟は、残念ながらないと言わざるを得ません。

それでは、本書のテーマである「資産運用」の分野はどうでしょうか？

私たち普通の市民が「〝負けない〟運用」のために資金を託すことになる「アセット・マネージメント（資産運用）会社」について世界ランキングを見てみると、日本の金融機関はベスト10はおろか世界20位以内にもランクされていません。（運用資産残高（AUM＝アセット・アンダー・マネージメント）ベース）【図表45】

図表45 アセット・マネージメント（資産運用）会社ランキング
――日本トップも世界では20位以下

	運用会社名	国名	資産総額
1	UBS	スイス	1,975,000
2	アリアンツグループ	ドイツ	1,459,323
3	バークレイズ・グローバル・インベスターズ	イギリス	1,361,949
4	ステート・ストリート・グローバル・アドバイザーズ	アメリカ	1,354,330
5	フィデリティ・インベストメンツ	アメリカ	1,286,107
6	アクサグループ	フランス	1,185,316
7	クレディ・スイス	スイス	1,078,815
8	キャピタルグループ	アメリカ	1,020,952
9	バンガードグループ	アメリカ	848,397
10	JPモルガン・チェース	アメリカ	791,558
11	ドイチェ・アセット・マネジメント	ドイツ	730,534
12	メロン・フィナンシャル	アメリカ	707,078
13	INGインベストメント・マネジメント	オランダ	671,088
14	ノーザン・トラスト・グローバル	アメリカ	571,883
15	モルガン・スタンレー	アメリカ	563,208
16	アビバ	イギリス	525,853
17	AIGグローバル・インベストメント	アメリカ	524,677
18	イクシス・アセット・マネジメント	フランス	505,987
19	プルデンシャル・フィナンシャル	アメリカ	499,577
20	メリルリンチ	アメリカ	496,171

（注）2004年12月31日現在。単位：100万ドル。
日本の大手運用機関のランキングは、
29位・日本生命、35位・三菱UFJ信託銀行。
（出典）「ペンション＆インベストメント」誌より作成

この事実は、私たち普通の市民にとっても、重大です。

つまり、私たち普通の市民がいかに、「〝負けない〟運用」に努力しようとしても、その受け皿たるべき日本の運用会社が二流では、期待した成果を上げることができない可能性があるからです。

なぜ、日本では「インベストメント・バンク（投資銀行）」や「アセット・マネージメント（資産運用）会社」が欧米ほど育っていないのでしょうか？

さまざまな理由が考えられますが、一つには、日本の金融界の構造があると考えられます。先ほども見たように、戦後わが国の金融界は「銀行」が金融経済の中核として君臨してきました。そして、再編を経てビッグ3と言われるまでに集約されてきた大手銀行は、自らがディストリビューター（販売会社）となるだけではなく、製造部分――すなわち、インベストメント・バンクやアセット・マネージメント会社――をも傘下に組み込む動きを強めています。

例えば、三井住友銀行は大和証券と「インベストメント・バンキング業務」を行う合弁会社を持ち、「アセット・マネージメント業務」を行う投資信託・投資顧問会社を子会社として保有しています。みずほや三菱ＵＦＪにも、有力な証券会社や投資信託会社・信託銀行があります。

欧米では、ゴールドマン・サックスやフィディリティに代表されるような、独立した「インベストメント・バンク（投資銀行）」や「アセット・マネージメント（資産運用）会社」が存在していますが、日本では、銀行と関係のない純粋な独立系の会社が育つような環境にはなかった、という歴史的経緯があるのです。

もちろん、「銀行を中心とする金融コングロマリット化」にも利点はあります。１つの店舗で銀行預金・投資商品・保険商品などの異なる商品を販売する〝クロスセル〟に取組みやすいことなどです。

しかし一方で、資産運用などの業務は、銀行とはその業務特性が大きく異なり、それに伴って経営スタイルや、企業カルチャーや人事制度なども銀行とは異質なものが求められます。

すなわち、「ミスが少なく、安定的である」ことが高く評価される「銀行業務」に対して、「資産運用業務」では「結果やパフォーマンス」が重要なのです。給与や報酬制度もこうした業務特性の違いに応じたものであるべきです。

欧米の調査機関が、大手金融機関の傘下にある「アセット・マネージメント（資産運用）会社」を比較したところ、「親会社の管理が緩く、運用子会社の自主性・自律性が高いほど、高いパフォーマンスを上げている」という分析結果が出ています。

つまり、「銀行を中心とする金融コングロマリット」においては、子会社である「アセット・マネージメント（資産運用）会社」の人事制度や組織運営について、年功序列や中央集権的組織運営といった「銀行」的経験則に縛られない、業務特性に合った仕組みで運営していく必要があるのです。

このように、コングロマリット化したわが国の３大メガ金融グループには、「企業グループとしての一体性」と「傘下の子会社の自律性・自主性（オートノミー）」をどのようにバランスさせるか、という課題にチャレンジしていくことが求められます。

その一方で、銀行の支配下になく、ノウハウとパフォーマンス（運用成績）だけで勝負する独立系の有力アセット・マネージメント（資産運用）会社が成長することも期待されます。

そのためには、その担い手として、若い有能な人材がアセット・マネージメント（資産運用）業界に集うことが必要です。

ここで大学生の就職人気ランキングを見てみましょう。

日本では、衰えたとは言え、メガバンクに代表される「銀行」への就職人気は根強いものがあります。

一方、アメリカでは、優秀な学生は「インベストメント・バンク（投資銀行）やアセット・マネージメント（資産運用）会社」に就職し、「銀行」への就職人気はこれらにははっきりと劣るのです。つまり、「預金から投資へ」の当然の帰結として、「銀行」ではなく「投資」に関連した企業が金融界の中核としての地位を占め、優秀な人材を集めているわけです。

こうした傾向は、今後、わが国でも強まることが予想されます。

日米の大学生の就職事情を比較すると、もう一つ特徴的なことがあります。

それは、最優秀の学生の進路です。

実は、アメリカの一流大学を最優秀の成績で卒業した学生は、どこにも就職しないのです。かと言って、日本のように、フリーターになったり、〝モラトリアム留年〟するわけではありません。

彼らは、企業に就職せず、自分で起業するのです。そうしたベンチャー企業によって、新たなビジネスが創り出されています。また、最優秀の学生の中には、将来の起業を見越してマッキンゼーやボストン・コンサルティングといった「コンサルティング会社」に就職するケースも多く見られます。

このことは、私たちに当たり前のことを思い出させてくれます。

経済の発展においては、「業」を興す人が最も重要であること――。

一方で、顧客や社会の評価を失った企業は市場から退出させられ、こうした企業の新陳代謝が経済の活力を生むこと――。

そして、「投資」とは、そうした経済活動を金銭面から支える行為であり、「投資の成果」とは経済活動の果実を金銭に置き換えたものに過ぎないこと――。

苦しいデフレを脱却し株価が上昇し始めた今こそ、このことを再認識し、〝金融バブル〟に踊ったり「トレーディング（短期売買）」の誘惑に負けたりすることなく、健全な経済発展を目指していきたいものです。

おわりに

「金融は主役ではない、表舞台で踊る企業や個人の活動を支えるのが役割である――」これは、筆者が駆け出しの金融マンの頃、先輩から言われた言葉です。そして、それは全ての金融に携わる者が決して忘れてはならない職業的ミッション（使命）だとも思います。

それを踏み外して、金融が単独で生きているかのように錯覚し、金融が自己増殖を始めること――それが、〝バブル〟経済だと言えます。

近年、将来への不安、年金制度への不信などから、個人で資産運用を始めようとする方が増えています。

そうした折りも折り、国内の株式市場も活況を取り戻し、大幅な上昇を続けています。また、一時は底なしに思われた地価も下げ止まり、一部には〝ミニ・バブル〟とも言えるような土地やビルの争奪戦すら起きてています。

テレビでは、インターネット・トレーディングでお小遣いを増やす小学生や、家事そっちのけでデイ・トレーディングに勤しむ主婦を紹介する番組が流されています。

しかし、私は、こうしたマスコミ報道に対し、拭い去りがたい違和感を覚えています。

そして、現在の日本において氾濫する投資情報の中で、「年金性資金の運用に関する情報」や「長期投資のための情報」が絶対的に不足していることに危惧も感じています。

この本で取り上げている、「ポートフォリオ戦略」「ベータ（β）戦略」などは、年金運用の世界では当たり前の話であり、実際、私たち普通の市民が将来受け取る年金の原資はそのような考え方に基づいて運用されています。

金融は経済活動の鏡であり、長期的には経済活動全体——すなわち、ベータ（β）——と追随して動くものです。

現在流布されている「相場に勝つ運用が、正しい資産運用法である」という間違った考えを払拭し、普通の市民のための「〝負けない〟運用」について説明すること、そして、私たちが運用で成功するには社会全体が持続的に成長することが必要である、という当たり前のことをお伝えすること——それが本書の目的です。

前作である『外資ファンド　利回り20％超のからくり』は、２００５年の流行語で言えば〝想定外〟のご評価を各方面からいただきました。

「投資ファンド」という現在の金融資本主義のメジャー・プレーヤーの儲けの仕組みについて解

説することで、皆さんに、「金融」や「投資」について関心を持っていただき、それらに関するリテラシー（智恵）を高めていただくきっかけにしていただければ、と考えたのです。

前著は、喩えて言えば、自動車の最高峰である〝F1レースの解説書〟であったわけです。

これに対し、読者の皆さんからは、「資産運用に関心を持ったとして、具体的にどのように智恵（リテラシー）を高めればいいのかを示すべきだ」「普通の投資家にとって参考になるリテラシー（智恵）について明らかにして欲しい」というリクエストを頂戴しました。

本書は、こうしたご要望にお応えしようとするものです。つまり、普通の市民のための〝市販車の取り扱い説明書〟を目指したものと言えます。

こうした背景から、本書は、年金性資金の運用手法を「わかりやすく」お伝えすることを主眼にして執筆したため、専門家の目から見れば、不十分な、あるいはやや不適切な記載があるかと思います。

その中で最大のものは、「アルファ（α）は存在するし、それを追求するのが最先端の運用手法のはずだ」という点だと思います。この点についてご興味のある方は、外資ファンドによる究極の「α」追求について解説した前著や専門書で補っていただければと思います。

いずれにしても、これからの世の中では、学歴格差や年収格差だけではなく、運用に関する智恵（リテラシー）の格差や差異も重要になります。

「プロではない普通の市民」にとって、「投資」や「運用」に関する知識を持つか持たないかが、老後を含めたトータルな人生の豊かさを左右する時代になった、とも言えます。

この本を通して、少しでも多くの方が、年金性資金に相応しい運用のあり方――「〝負けない〟運用」――の概要を理解され、「投機から投資へ」そして「トレーディング（短期売買）」から「インベストメント（長期投資）」へ転進していただけるなら、それは筆者にとって最大の喜びです。

最後に、本書を形にするには、前作同様、多くの方々にお世話になりました。

特に、アップルシード・エージェンシーの鬼塚忠さんと深澤晴彦さん、それにＰＨＰ研究所ビジネス出版部の太田智一さんとの楽しい会話が、問題意識の醸成に繋がり、本書に結びついたと言っても過言ではありません。

また、前作の読者の方々から、「良心的な内容」「わかりやすい」との反響をいただいたことが心の支えとなり、筆を進めることができました。

この本が、こうした方々のご期待に沿う内容になっていれば、と念じています。

北村慶

参考文献

『自由はどこまで可能か　リバタリアニズム入門』　森村進著（講談社現代新書）
『ウォール街のランダム・ウォーカー　株式投資の不滅の真理』
　バートン・マルキール著・井手正介訳（日本経済新聞社）
『敗者のゲーム　なぜ資産運用に勝てないのか』※一九九九年版
　チャールズ・エリス著・鹿毛雄二訳（日本経済新聞社）
『アインシュタイン相対性理論の誕生』　安孫子誠也著（講談社現代新書）
『金融業の収益「力」を鍛える』
　ボストンコンサルティンググループ　本島康史著（東洋経済新報社）
『賢いはずのあなたが、なぜお金で失敗するのか』
　ゲーリー・ベルスキー&トーマス・ギロヴィッチ著・鬼澤忍訳（日本経済新聞社）
『年金資産運用の理論と実践』　大場昭義編・菅原周一編（日本経済新聞社）
『デフレ時代の年金資産運用』　大塚明生編著（金融財政事情研究会）
『αの追求―資産運用の新戦略』
　三菱信託銀行年金運用研究会編・森平爽一郎監修（金融財政事情研究会）

『実務家が答える　年金基金資産運用相談室』　山口登編著（東洋経済新報社）
『外資ファンド　利回り20％超のからくり』　北村慶著（ＰＨＰ研究所）
日本経済新聞、厚生労働省および年金資金運用基金ホームページなど本書は、投資に関する基本的な考え方について解説したものであり、本文で言及した特定の金融商品について、普遍的な判断を下しているものではありません。金融商品の価値は、個々人の状況によっても異なります。それらの商品の購入の可否を含む投資の判断は、ご自身で行うようお願いします

【著者略歴】

北村　慶（きたむら・けい）

慶應義塾大学卒。ペンシルベニア大学経営大学院（ウォートン・スクール）留学。

大手グローバル金融機関勤務。㈶日本証券アナリスト協会検定会員、ファイナンシャル・プランナー一級技能士（国家資格）。

ヨーロッパではプロジェクト・ファイナンスに、アメリカでは投資ファンドに携わる。その後、日米欧のクロスボーダーM＆A業務及びコーポレート・アドバイザリー業務に従事し、現在にいたる。

著書に『外資ファンド　利回り20%超のからくり』（PHP研究所）がある。

著者エージェント　アップルシードエージェンシー
（http://www.appleseed.co.jp）

貧乏人のデイトレ 金持ちのインベストメント
ノーベル賞学者とスイス人富豪に学ぶ智恵

2006年4月28日　第1版第1刷発行
2008年1月31日　第1版第7刷発行

著　者　北村　慶
発行者　江口克彦
発行所　PHP研究所
東京本部　〒102-8331　東京都千代田区三番町3-10
ビジネス出版部　☎03-3239-6257（編集）
普及一部　☎03-3239-6233（販売）
京都本部　〒601-8411　京都市南区西九条北ノ内町11
PHP INTERFACE　http://www.php.co.jp/
組　版　朝日メディアインターナショナル株式会社
印刷所
製本所　凸版印刷株式会社

ISBN4-569-64959-9

PHPの本

外資ファンド 利回り20%超のからくり

北村慶 著

「年利20%」の利回りを標榜する外資系ファンド。社会情勢の背後で、人知れず利益を積み上げる「ファンド」の実力とその手法に迫る。

定価一、三六五円
（本体一、三〇〇円）
税五%